2018年湖南省教育厅科研项目"双一流"建设背
高校图书馆学科服务体系构建研究（课题编号：18C08

高校图书馆信息化
建设问题及创新对策探究

谭亮 黄娜 著

⑨ 吉林大学 出版社

·长春·

图书在版编目(CIP)数据

高校图书馆信息化建设问题及创新对策探究 / 谭亮，
黄娜著. — 长春：吉林大学出版社，2019.12
ISBN 978-7-5692-6078-6

Ⅰ. ①高… Ⅱ. ①谭… ②黄… Ⅲ. ①院校图书馆—
信息化建设—研究 Ⅳ. ① G258.6

中国版本图书馆 CIP 数据核字 (2020) 第 013406 号

书　　名：高校图书馆信息化建设问题及创新对策探究
GAOXIAO TUSHUGUAN XINXIHUA JIANSHE WENTI JI CHUANGXIN
DUICE TANJIU

作　　者：谭亮　黄娜　著
策划编辑：邵宇彤
责任编辑：代景丽
责任校对：李潇潇
装帧设计：优盛文化
出版发行：吉林大学出版社
社　　址：长春市人民大街 4059 号
邮政编码：130021
发行电话：0431-89580028/29/21
网　　址：http://www.jlup.com.cn
电子邮箱：jdcbs@jlu.edu.cn
印　　刷：三河市华晨印务有限公司
成品尺寸：170mm×240mm　　16 开
印　　张：12.75
字　　数：235 千字
版　　次：2019 年 12 月第 1 版
印　　次：2019 年 12 月第 1 次
书　　号：ISBN 978-7-5692-6078-6
定　　价：59.00 元

前　言

在以知识经济为特征的 21 世纪，数字信息越来越成为各个国家政治、经济、社会和文化活动所依赖的基础信息。数字图书馆已是评价一个国家信息基础设施水平的重要标志，也是 21 世纪各国高科技竞争的焦点之一。

20 世纪 70 年代，我国图书馆开始应用计算机技术。到了 90 年代，我国图书馆信息网络建设取得了较大发展，科学技术对图书馆效益的贡献达到了较高水平，图书馆信息化建设迈上了一个新的台阶。图书馆已不仅仅是保存和利用图书的场所，正在成为全社会的知识信息中心，发挥着更大的作用。

随着信息技术的快速发展，传统的图书馆服务模式已无法适应读者的需求。图书馆变得日益网络化、高效化、集成化、现代化。本书正是基于此展开对高校图书馆信息化建设与服务的研究。本书介绍了图书馆信息化的概念、特征与内涵，梳理了国内外图书馆信息化建设的发展现状及发展趋势，在此基础上进一步阐释了图书馆信息资源与图书馆信息服务，分析了新形势下图书馆转型面临的新要求，以及多种信息技术在图书馆信息化建设与服务中的应用。

高校图书馆信息化建设是一项长期而艰巨的任务，需要图书馆管理员的不懈努力，也需要各高校图书馆在信息建设过程中的交流探讨和相互借鉴。因此，希望本书对高校图书馆的信息化建设工作有参考价值。

由于笔者学识和水平有限，书中难免存在一些不足和疏漏之处，敬请广大读者批评指正！

目　录

第一章 高校图书馆信息化建设概述

第一节 高校图书馆信息化建设内涵与特征

一、图书馆信息化的概念及特征

对于图书馆信息化的概念，理论界人士有不同的观点，其中最具代表性的观点有以下几种：

第一，图书馆信息化是指图书馆以计算机、多媒体、网络等现代信息处理技术为手段，对信息进行采集、存储、加工制作、传递利用等，实现信息资源普遍共享，为终端用户提供最有效、最快捷的服务，进而产生经济效益和社会效益。

第二，图书馆信息化就是图书馆不断应用信息技术，深入开发和应用文献信息资源的过程，是信息技术应用和文献信息资源开发由局部到全局、由内部到外部、由区域到全球不断深化的过程。

一些知名学者从狭义和广义的角度提出了不同的观点。狭义的图书馆信息化是指人或组织在信息处理、存储、转移、共享等过程中借助先进的信息处理技术的现代化过程。从广义上看，信息化是一个借助现代信息处理技术的过程，它不仅包括现代化的技术装备和手段，还包括思想观念、人员素质、组织结构、管理制度、工作内容等多层次的现代化。

最权威的定义应该是国家信息领导小组有关成员的相关阐述。他们认为，图书馆信息化是以信息技术在图书馆中的广泛应用为主导，以信息资源的建设为核心，以网络为信息传播的基础，以信息人才为依托，以法规、政策和标准为基础的综合体系。

虽然专家、学者对图书馆信息化的内涵和外延有不同的认识，但是我们从中可以看出图书馆信息化具有以下特点。

（一）业务操作和办公管理自动化

根据实际需求，利用计算机技术可以更好地完成图书馆的各项工作。图书馆工作大致可分为以下几种：① 藏书的拟定和获取；② 提纲目录、分类和具体准备；③ 检索和检阅；④ 馆内资料的存储和外借；⑤ 馆际资料的借入和借出。所谓图书馆自动化，就是使用计算机自动地完成上述工作。

硬件、软件及人员是构成图书馆自动化的三个要素，图书馆自动化的关键因素是软件。要想提高工作效率和质量，必须依靠软件的支持，充分发挥计算机的优越性。

（二）图书馆信息资源存储数字化

资源存储数字化包括馆藏资源的数字化转化和网上数字资源的收藏。图书、期刊、地图、电影、手稿等条目的技术处理是图书馆最重要的工作。条目的技术处理是指取得条目、编入目录、准备上架、准备书卡、打印书背记号等手续。这些手续中涉及的重要工作是数据处理。数据处理的主要困难是数据的长度（如作者的名字、著作的标题等），而且要取得一个固定长度的数据，这样可能很难对某些条目进行唯一标识。数据之间的关系非常复杂，因此数据处理和储存需要采用高级的关系数据库管理系统。

图书馆的许多功能取决于根据文献目录、具体归属和课题内容描述条目的数据。因此，美国图书馆协会支持有关研究人员将数据转换成机器可读的形式，从而产生了机器可读的分类规划，并成为后来发展图书馆多种功能自动化的基本部分。

（三）信息资源高度共享

网络化是信息化的重要标志。图书馆网络化包括信息资源网络化、信息传输网络化和信息检索网络化。通过互联网，"任何人都可以与任何国家、任何地方的人直接沟通，能够在全球范围内实现知识共享"。

图书馆信息资源共享是指在自愿、平等、互利的基础上，通过图书馆与图书馆之间、图书馆和其他机构之间相互合作、相互协调，利用各种技术、方法和手段，共同建设和共同使用信息资源，最大限度地满足用户的信息资源需求的活动。

二、图书馆信息化的内涵

图书馆信息化是当今一个热门的话题。我国的图书馆信息化建设经过多年的发展，现已打下了良好的基础并逐渐走向成熟，但仍存在一些问题。从宏观层面来看，我国高校图书馆的信息化建设应该是一项综合性的工作，它包括硬件技术、软件平台、资源建设和人才建设等全方位的协调发展。逐步实现图书馆的信息化管理是图书馆以高质量、高效率服务社会的基础。在当前关于图书馆自动化、数字化、网络化等诸多名词的竞相炒作下，准确把握图书馆信息化的内涵，科学指导图书馆实践，具有一定的积极意义。

（一）硬件平台

图书馆信息系统的正常运行需要硬件技术的支持。没有硬件技术的支持，图书馆信息化将无从谈起。此外，硬件技术水平的高低与图书馆信息系统运行的质量息息相关。因此，硬件技术的科学定位是图书馆信息化发展的重要基础，它主要表现在硬件系统的配置方面。

1.基本模式

在过去的几年中，常见的硬件配置的模式有单机模式、多机模式或多用户系统模式。当今正在建设的多数是网络系统模式，它已成为目前我国高校图书馆信息化网络硬件建设的一种主要模式。这些网络系统模式都有自己的特征。对于图书馆这种数据源头多、数据处理工作量大、数据加工要求严格、数据传输要求快速、信息反馈对象广泛、信息存储安全性高的机构来说，由于计算机网络具有数据通信、资源共享、分布处理、集中控制、系统可靠等功能特点，因而具有诱人的前景。

2.发展趋势

从近 20 年的发展来看，影响硬件配置模式的因素有很多，其中高校图书馆的需求、管理水平和经费支持是三个主要因素，它使我国高校图书馆的发展呈现两极分化的趋势。

首先，从人们对高校图书馆信息资料的需求来看，我国社会整体信息化发展速度相对较慢，社会对图书馆信息化的需求较小，图书馆只是发挥着一种简单的借阅功能。因此，对于一些经费不是很宽裕的图书馆，选择投资较少的服务器终端模式甚至手工模式，满足简单的借阅服务可能更符合图书馆的实际需求。

其次，图书馆整体管理水平不高。虽然管理者已经认识到我国高校图书馆信息化建设的重要性，但是将信息作为一种资源进行科学管理却远未做到。由于将收集到的丰富资源转化为有价值的电子信息资源的愿望难以实现，因此在图书馆管理水平相对较低的情况下，将信息资源作为图书馆信息化建设的核心进而实现共享的想法就成了空谈。

最后，经费的支持是图书馆网络状况的一个决定因素，也是图书馆实现远大目标和理想的基础。

3.技术平台

随着互联网信息技术和数字技术的不断发展，我国高校图书馆的环境得到了明显改善，这对图书馆信息化管理有很大的影响。图书馆只有充分利用互联网技术平台的优势，实行动态管理和科学决策，才能提高工作效率和社会效益。从选择设备上来看，我们既不能脱离实际，又不能与互联网断开联系，要选择适合经济发展水平和图书馆特色的网络技术，搭建相应的技术平台，使图书馆各项业务处理与现代技术密切结合，从根本上满足图书馆管理的需求。

（二）应用软件

1.功能定位

我国图书馆自动化应用软件经过几十年的发展，已从原始阶段和实验阶段发展到当今信息管理一体化的水平，现已进入由集成化向网络化发展的初步阶段。传统的图书馆管理软件采用了采、编、流、检的基本模式，把各个模块之间有机结合起来，使图书馆服务于社会。随着时间的推移和技术的发展，这种模式逐渐成为信息化整体的一部分。在办公自动化、全文检索、数据库服务、在线阅读、远程教学、在线交流、视频点播等方面，图书馆服务模式和角色定位逐渐趋于社会化。图书馆管理软件在原有的功能基础上，通过加强网络信息咨询和信息检索功能体现图书馆信息化的社会价值。

2.发展趋势

多层次和商业化将是我国高校图书馆软件发展的主要方向。图书馆软件市场在未来很长一段时间内仍将具有以下特点：一是商业化的步伐加快。图书馆应用软件在设计的成熟性、技术的先进性、性能的稳定性、版本更新速度以及售后服务质量等方面都在不断提高。二是图书馆对软件需求的层次将逐步拉开。中小型图书馆和大型图书馆之间的需求差异会清晰可见。一方面，图书馆信息化未在中小型图书馆中得到充分发展，这些图书馆对性价比的关注将促进小型图书馆软件的进一步发展。另一方面，为了满足图书馆读者放心消费的心理，图书馆软件向知名品牌集中的发展趋势也将愈演愈烈。

3.技术定位

目前，对高校图书馆应用软件的介绍和比较研究在国内外比较热门，专业期刊上发文颇多，其中有很多可以参考的观点。融合各种先进技术是我国图书馆信息化走向世界的主要策略。在技术定位上，我们不仅要注重软件研制本身的技术特征，还要强调技术先进性。在图书馆信息化管理系统中，超前的技术和先进的管理理念使图书馆管理水平更上一层楼。在软件的选择上，既要有合适的硬件平台，又要有完备数据的环境维持运行，不能孤立地进行配置。

（三）资源建设

资源建设是图书馆信息化建设的主要内容，也是最容易被忽视的问题。传统图书馆在社会中的地位主要由馆藏规模和独立为读者提供服务的能力所决定。因此，建立一个完整的图书馆资源体系是图书馆信息化建设的核心任务。

从图书馆信息化建设的历程来看，将硬件、软件和资源作为一个有机整体来全面规划和安排是具有许多优势的。其中，硬件通常是最受人关注的，但硬件的升级、更新及它与软件如何匹配的问题很容易被忽略，在图书馆规划和建设中的重视程度不够，高校图书馆信息资源建设没有被正确地理解，也没有被正式提上议事日程。

1.目前的发展状况

由于我国图书馆整体发展的不平衡，加上管理体制条块分割，导致馆与馆之间文献资源分布的不合理，且自成体系，重复收藏，未能形成有效的资源配置机制，直接影响了文献资源的有效利用。为此，在文献资源建设的基础上，建立一个系统或结合各门学科的文献资源保障体系，发挥整体效能，是我国图书馆信息化建设的首要任务。

2.发展趋势

在当今日益丰富的文献信息资源中，云计算、大数据存储、数字图书馆等各种各样的术语让人眼花缭乱。不可否认的是，原始文献信息资源数量成倍增长。从共建共享方面来看，图书馆作为国家信息港建设的组成部分，具有成为社会各类信息资源的整合中心的能力和义务。

3.资源建设要求

（1）适应性。图书馆信息资源建设同国民经济的发展水平相适应，同社会信息需求相适应。它能满足广大读者的信息需求，也能符合经济适用的原则。

（2）专业化和协调性。各个图书馆根据自己的实际情况，结合本地区读者需求特点，在统筹规划下，有选择地在学科重点、文献类型等方面形成自身的馆藏特色。各自的特色文献通过全社会范围内的资源共享，共同建立起完善的资源保障体系。

（3）完整性。无组织和重复的信息不能形成信息资源。对图书馆馆藏结构进行优化，增加文献内容，科学规划调整藏书比例，整合传统文献资源和网络信息资源，是图书馆资源建设的主要任务。

（4）文化传承性。在信息技术快速发展的基础上，图书馆作为保存文化遗产、传承人类文明的重要场所，其作用将更加突出。文化传承性将赋予图书馆永恒的生命力。

（四）人才建设

图书馆信息化的关键因素是人才，在此基础上使硬件、软件和资源建设符合信息化的基本条件，因此人才建设是实现图书馆信息化的决定因素。

1. 现实状况

目前，我国整个图书馆行业的发展正面临着困境，原因可归结为以下两点：一是图书馆工作人员效率越来越低；二是缺乏具有较强的业务能力和良好的知识结构的信息化人才。就业市场上的饱和更多的是一种体制性饱和，大量工作能力不合格的员工占据了工作岗位。某些信息网络部门的负责人不知道网络的基本配置，图书馆管理员不会使用计算机，也不会使用网络发送和接收简单的电子邮件。由于大多数员工缺乏深层次文献资源开发能力、信息导航能力以及创新能力，图书馆信息化建设进展缓慢，所以这支队伍急需改造和重建。

2. 人才素质要求

信息技术的合理定位与图书馆的人才培养密切相关，而这一问题的关键在于图书馆管理员的期望素质、信息资源的整合需求和服务需求。这方面的培训包括创新能力、学习能力、信息意识等，但也应注重计算机使用基础和信息服务能力等基本素质的培训。通过实行严格的图书馆职业准入和任职资格制度，完善人才培养体制。

3. 计算机使用基础

计算机使用基础包括硬件使用基础和软件使用基础，核心是掌握基本的操作和技术。大多数图书馆管理员并不需要成为信息技术专家，主要是能熟练运用计算机完成日常工作。

4.信息服务能力

图书馆管理的核心是服务，它体现了图书馆所有信息资源活动的价值。信息服务能力是图书馆管理员最重要的能力之一，他们通过对各类信息资源、信息外表特征、内容特征的深入加工以及分析与重组，从问题的不同侧面思考和解决问题，最终体现图书馆的社会服务能力。

（五）对图书馆社会角色的认识

在思考图书馆信息化的同时，要先对图书馆的社会角色进行正确的认识，这样能帮助我们了解图书馆发展的最终走向。

有人认为，在多元化、多种媒介并存和人们信息知识与文化需求日益迫切的网络信息环境下，图书馆应该是一个"经营多种媒介的开放式、多功能、综合性的文化、教育、信息和娱乐中心……它是大众获取信息、接受教育、品味文化和享受娱乐的地方"，还有人主张图书馆应该"转为以计算机处理和数据库开发经营为主的信息服务和咨询产业"。这些观点具有一定的代表性，在巨大的生存压力下，图书馆的角色地位正在面临挑战。

但我们应该认识到，在网络环境中，把图书馆定位为信息产品的生产者或产业化的信息公司是不可取的，图书馆需要研发信息产品，但它只是为了扩大和深化图书馆服务的内容，把它作为图书馆生存和发展的基本条件是不科学的，也是以偏概全的。这一观点从某种程度上来讲有一些极端和脱离现实，过于强调技术环境，而没有从社会角度出发，导致忽视了用户，偏离了图书馆的生存根基。事实上，由于内部和外部客观条件的限制，相对于图书馆的社会教育功能而言，信息服务功能有时甚至处于劣势，发展空间狭窄，所以信息服务的产业化并非图书馆生存和发展的最佳选择。

图书馆在过去、现在和将来，都不是科学技术的产物，它的使命是传播人类文明，技术只是其手段之一。

外国图书馆与我国不同。印度图书馆学泰斗阮冈纳赞提出了图书馆学五定律：书是供读者使用的；每个读者都有属于自己的书；每本书都有读者；节约读者的时间；图书馆是一个不断发展的有机体。美国图书馆学家克劳福德和戈尔曼也提出了图书馆学五定律：图书馆为人类服务；尊重各种形式的知识交流；运用科技加强服务；保护对知识的自由存取；景仰过去，创造未来。我们从中可以认识到，赢得读者的信任和社会的尊重是图书馆的立身之本。尤其在时下各种有关图书馆数字化、网络化、信息化的炒作纷至沓来的时候，保持一份平常之心，正确看待图书馆的社会角色，的确有着非凡的意义。

信息化是个宽泛的概念，很难对其进行准确描述，尤其是图书馆信息化。我们应该知道，虽然网络环境改变了图书馆的外部技术环境和内部工作，但是图书馆服务宗旨不应该改变，实现信息化和高质量服务社会是图书馆发展的根本。对图书馆信息化不切实际的幻想或定位不仅无法摆脱目前图书馆的困境，还会阻碍图书馆的发展，尤其是在我国这样的发展中国家。图书馆是向公众提供公共服务的，绝不仅仅是一堆昂贵设备的堆砌与展示。

第二节　高校图书馆信息化建设现状及发展

一、高校图书馆信息化建设现状及问题

（一）高校图书馆信息化建设现状

高校图书馆是学校文献信息服务中心，其信息化的发展水平决定着图书馆的服务能力与服务质量。随着通信技术、网络技术、多媒体技术的快速发展，图书馆信息服务由传统的阵地服务向移动性、个性化、智能化方向发展，图书馆信息化建设工作也越来越受到大家的高度重视。只有不断提高图书馆的信息化水平，加强信息化建设，强化信息服务理念，信息资源才能得到充分的利用，才能更好地为教学科研服务。

随着信息网络技术的不断发展，高校图书馆也越来越重视信息化建设，图书馆业务管理工作的自动化、网络化和应用化水平不断提升，从硬件、软件到服务都有了很大改观。图书馆通过购买、自建和整合网上数字资源，为读者提供数字资源服务、OPAC（联机公共目录查询系统）、虚拟参考咨询、网上信息检索、网上文献传递及一系列自助服务等。信息服务内容不断深化，信息化水平有了大幅提升。

目前，各高校图书馆都拥有功能完备的文献信息服务管理系统，全面实现了采访、编目、典藏、流通、统计、系统管理、OPAC 应用等自动化服务，拥有一些中外文网络数据库，建设有电子阅览室、多媒体阅览室。条件较好的高校拥有功能完备的学术报告厅，建设有比较先进的信息资源管理机房，基本上采用安全智能门禁系统、红外报警系统、安全消防系统及安全视频智能监控系

统等智能化管理设备，也开始使用自助借还、触摸式自助查询、自助触摸屏阅报、自助饮水机、自助复印打印扫描等自助化设备。

通过高校图书馆信息化建设实现了图书馆现代化管理，提高了图书馆的服务水平，凸显了现代信息网络技术给图书馆管理带来的便利。为了满足图书馆数字化资源建设的需求，提升特色学科建设及科研创新能力，高校图书馆越来越重视数字化信息资源建设，尤其是特色馆藏资源建设。为了确保网络文献资源安全，方便广大读者快捷访问，图书馆也加大了信息化建设投入，服务保障能力不断提升，使图书馆真正成为学校的文献信息资源服务中心。

（二）高校图书馆信息化建设现存的问题

高校图书馆建设对高校办学和提升教育质量具有重要的意义，要加强图书馆建设，优化图书馆功能，利用先进的技术和手段，发挥图书馆应有的价值。要想提高管理水平，图书馆必须利用先进的技术，如信息化技术和计算机技术，实现图书资源的科学管理。目前，我国高校图书馆信息化建设还存在一些问题。

1. 图书馆硬件设施陈旧

在20世纪70年代，我国高校图书馆就开始利用信息化技术提升管理水平，开始对图书馆基础设施进行改造，但部分高校的图书馆没有进行翻修和增加设备，使用的都是老旧设备设施。基础设施不完善必然导致图书馆功能不全，无法为读者提供更好的服务。

2. 图书馆软件设施建设不健全

除了图书馆硬件基础设施不健全以外，图书馆软件设施建设也存在投入不足的问题，很多高校没有建立完善的软件系统，没有根据自身的实际情况进行设计。同时，由于部分院校软件设计人员的能力有限，图书馆管理软件的设计比较简单，软件系统漏洞较多，协调性较差，不利于实现资源共享。

3. 网络通信技术应用不足

网络通信技术是图书馆管理依赖的基础技术之一，一般高校图书馆建设都要运用网络技术，教师和学生可以利用网络查询自己想要查找的书籍和文献资料，高校也可以利用网络实现对网络资源的查找和补充。但是，由于资金投入不足，很多高校图书馆没有充分利用网络通信技术，只是建立了局域网，没有实现网络全覆盖，从而影响了图书馆信息化建设。

4.缺乏高素质的专业人才

图书馆管理是一项复杂的综合工程，信息化建设更要以科学的理念为指导，创新管理意识，创新技术手段，这些都要依靠高素质的管理人才和技术人才。但是，我国部分高校图书馆管理员的综合素质不高，个别院校甚至聘请的是教职工家属，为了给予"照顾"和"方便"，图书馆书籍和文献管理依然停留在人工阶段，管理效率较低，个别院校的图书馆管理比较落后，图书馆信息化建设滞后，没有积极引进专业的人才。

5.部分图书馆信息资源老旧

在高校中，图书馆是师生开展学术交流和获取信息的平台，作为高校研究和信息获取的平台，图书馆的主要任务就是为教师和学生提供具有时代性的文献和资料。但从目前状况来看，高校图书馆的藏书数量有限，文献资料数量较少，资金投入不足，很多新领域、新学科的文献资料相对缺乏，从而不利于开展高校教学和科研事业，图书馆资源亟待更新。

二、图书馆信息化的未来趋势

随着社会的发展、时代的进步以及经济的快速发展，市场竞争也变得越来越激烈，社会上各个行业对信息资源的需求也越来越迫切，信息资源已成为和资本同样重要的资源。图书馆是一个拥有大量信息并使之流通和交汇的重要场所，具有加工、存储、传递信息等职能。因此，图书馆未来应该走信息化的道路，这是社会发展对图书馆的客观要求。

在今天，越来越多的社会经营性机构都意识到信息服务的重要性，相继加入信息服务的队伍中。他们为了获得效率和效益，往往利用发达的通信系统连接众多的计算机网络，并按照开放系统互联标准传输信息、共享资源和进行信息分布式处理，故能靠自己独特的服务赢得用户。但是，传统图书馆的管理和服务模式都比较封闭，达不到现在开放的网络化信息环境的要求。图书馆必须改变原来的模式，否则就会失去读者。因此，为满足不同读者的信息需求，为读者提供更准确、更及时的综合信息服务，我们必须认清客观事实，接受时代的挑战，实现图书馆的信息化。本书旨在对图书馆未来几年的发展趋势做一些简单的探索。

（一）图书馆实现信息化的硬件措施

我们要改善图书馆基础信息设施建设，加强电子信息资源建设、网络建设，实现资源共享。

1.实现图书馆计算机普及化

当今社会处在一个各种信息"爆炸"的时代。在这个时代，每年有 30 万种图书、15 万种期刊出版，科技信息即将以 40% 的速度增加。以前，图书馆内整理文献信息是以手工作业为主，而如今现代化的设施设备和优秀的管理手段将使手工作业逐步向自动化转变。随着社会经济和科学技术的飞速发展，在图书馆领域，计算机已经得到了广泛的应用。过去采访、编目、检索、流通等日常工作逐渐被计算机取代。从最开始的机读目录到现在国际互联网络的资源共享，这不仅改变了传统的操作管理模式，提高了工作效率，还为进一步提升信息服务水平和开发互联网资源打下了坚实的基础。

2.实现图书馆部分馆藏电子化

自古以来，纸张一直是传递信息的主要载体和媒介。即使在将来，以纸张为载体的文献也不会完全消失。现代信息技术的发展已经改变了以印刷书籍和杂志为主的博物馆馆藏模式。这种变化反映在载体的形式上，也就是由过去单一的纸质型载体向以光介质、磁介质等为载体的新型信息媒体转变，将极大地丰富馆藏的信息量。随着电子计算机的应用和迅速普及，电子出版物作为一种新型的知识和信息载体更具有吸引力。电子出版物是将文章的文本转换成计算机可读形式的信息，刻录在光学载体（CD-ROM 光盘等）或磁性载体（磁盘、磁带等）上，在计算机软件的支持下，自动形成全文数据库，并提供从著作中的人名、地名、年代、关键词等各种知识项目出发对文本进行单项检索或多项组配检索的功能，甚至著作中的任何一个词都可以由计算机检索出来。它包括电子连续出版物、电子图书、计算机软件等。电子出版物具有多媒体、技术融合以及轻便化、智能化和网络化等技术特点。其中，光盘在电子出版物中占主导地位，它是计算机技术、激光技术、数据通信和光电集成等高新科技的结晶。自问世以来，光盘便以价格低、容积大、体积小、可储存各种媒体信息以及便于携带、发行的优势，成为电子出版物的最佳选择，迅速占领了电子出版市场。一本 300 万字（含数字）的图书可以由一张容量 650 MB 的光盘存放。这类出版物打破了文字说明的限制，附有栩栩如生的图像、动画或声音，且可随时随地查阅不同区域的内容，大大增强了学习效果。此外，光盘可以连接到计算机和其他设备，实现形象的自动化管理、快速存储和传输。计算机、网络和电子出版物的发展使图书馆馆藏的载体向物理载体和电子馆藏相结合的方向发展。因此，图书馆应及时收集和储存数据库软件、缩微品、计算机磁带、音频录像带或光盘、磁盘等，同时加强印刷型载体文献的收集，以便读者通过多媒体技术的应用简捷快速地获取所需要的信息。

3. 实现图书馆网络化

事实证明，无论图书馆馆藏多么丰富，都无法完全满足当今社会读者多元化的需求。大多数图书馆都是独立运作的，这很难满足当今社会的信息需求。图书馆信息化的实现将拓展现有文献信息的传播渠道，消除传播过程中的传播障碍，从而为人们提供丰富的信息资源。从外部看，图书馆必须顺应全球信息网络化的趋势，并与不同的信息网络接口；从内部看，图书馆必须适应数字文件开发和数字化、自动化管理的发展趋势。通过互联网，访问者可以直接在图书馆访问图书书目和获取邮寄地址，并可以从网上提交订单。这不但加速了文献的采购，而且为图书馆提供了更丰富的可供选择的书目。通过互联网，图书馆编目人员可以共享网上编目数据，将标引著录的工作量减少到原来的 1% 甚至 1‰。通过互联网，读者可以使用大量已有成果，得到最新信息，享受最新的研究成果。读者还可以得到来自多个图书馆的馆藏和信息资源。图书馆的馆藏和信息资源不再是"私人"的，而是为全世界服务。这样，图书馆也就成了巨大信息的吸收源和供应源。随着信息时代经济和科技的发展，图书馆逐渐从分散型转变为协调型，实现资源共享就成了图书馆和读者的共同心愿。网络化的实施和资源共享的实现可使图书馆的外延得到扩展，内涵得到丰富，信息功能得到加强。

（二）图书馆实现信息化的软件保障

信息技术的发展对图书馆工作提出了新的要求。不断完善图书馆信息服务环境，建立健全现代化的读者服务技术体系是图书馆开展信息服务的关键。

1. 培养群体读者的信息素养

信息素养是指了解信息社会和与外界沟通所需要的能力。具体来说，就是人们在学习、工作和生活中能够有效地发现自己的信息需求，并能够据此搜索、判断、组织和使用信息等能力。图书馆是培养"信息素养"的最佳场所，由图书馆组织实施信息教学，既可有效地利用图书馆现有资源，促进图书馆信息资源的开发、利用，也可使图书馆功能得到强化，从而引导更多的人注意到图书馆的存在，乐于使用图书馆。因此，图书馆必将肩负起信息素养教育的使命，指导读者了解信息资源及其价值，使其学会表达信息需求，提高利用资源及信息机构的能力。一方面，图书馆可以有针对性地策划不同形式的宣传推广和专题培训活动，帮助用户了解不同类型及载体的信息资源、检索策略和获取方式；另一方面，图书馆应提前与教学管理者沟通协调教育内容，如协助教师设计课程单元，在教师的各科专业课程中安排信息技能的学习。同时，提倡正式教育，重视信息素养的培养，帮助读者更好地利用图书馆，使他们学会寻找、判断和使用相关信息，进而加快信息资源的转化和应用。

2.建立与信息服务相配套的读者服务体系

在社会信息化、信息社会化时代，各种不同形式的信息资源的作用越来越重要。"信息"这一概念几乎被引进所有的领域。出于职业工作或个人发展的需要，当前用户需求以文献信息为主转向多种形式信息需求并重。现代化信息服务环境要求图书馆不仅要为用户提供文献信息服务，还要提供其他形式的信息服务。对于大多数企业来说，它们对信息的需求主要有市场需求信息、销售价格信息、产品信息、市场竞争信息和政策环境信息等。图书馆可以根据其行业特点和管理方法，合理收集、规划、整理各种信息来源（如文字、图片、声音、图像、多媒体等），并采用不同的媒介形式为企业提供服务。另外，科研工作者从创立科研项目到取得科研成果都离不开信息服务。为了满足他们的需求，图书馆为其提供高知识含量的信息产品和智能化的服务变得尤为重要，即将各种二次文献和三次文献经过信息分析加工形成咨询报告提供给研究人员。简而言之，用户需要什么类型的服务，图书馆就提供什么类型的服务。图书馆必须抛弃以自身为中心的封闭式管理方式，采用以用户为中心的管理方法。同时，图书馆必须植入超前意识，主动渗透目标用户群，将用户需求调研与图书馆提供的信息服务的宣传推广结合起来，以提高信息服务的目的性和信息产品的质量。

3.加快图书馆工作人员的角色转换

随着电子出版物和网络的发展，图书馆工作人员在图书馆服务中的角色发生了转变，他们不再是文献信息与用户之间的中介，而成了交汇与存储信息的角色，因此必须懂得计算机、网络、多媒体等现代技术，懂得从事决策性信息服务及教育性的信息利用指导。当前，面对每日均在变化的信息网络，图书馆在如何解决信息难以获得这一问题的同时，也面临着短时间内难以驾驭大量信息的问题。于是，信息服务领域中的图书馆面对一个新的课题，即如何开展为用户筛选和优化信息的工作。图书馆工作人员要选择适当的信息站，并使用适当的检索，找出适当的信息提供给适当的读者，因而决策性服务是对图书馆工作人员的一项挑战。同时，网络信息的多样化也带来一些问题。图书馆工作人员势必要花费更多的时间，去了解每个信息站的特点和特色。因为信息站上的内容可能会出现所谓的"信息垃圾"，所以图书馆工作人员必须提高决策判断能力，向读者介绍有价值的信息，并及时地纠正错误内容。另外，由于信息网络上的各种信息站服务均可由使用者自行上网检索资料，与传统图书馆必须通过检索中间人联机查询相比较，前者给使用者的自主权与选择权更多，所以未来检索人员的工作性质将由搜索服务改变为检索指导，图书馆工作人员对用户进行培训教育的任务将更为重要。这就需要图书馆工作人员扮演信息工程师、信息教育专家、信息决策专家和计算机网络专家四重角色。对于这些要求，图书馆工作人员可以通过不断学习，加快角色转换，以跟上时代的步伐。

第三节　高校图书馆信息化建设实施举措

一、图书馆信息化建设的硬件投入

（一）计算机硬件系统

从功能上讲，微型计算机硬件系统主要由微处理器（CPU）、存储器、系统总线、接口电路及输入/输出设备五个逻辑部分组成。从外观上看，微型计算机由主机和外部设备构成。计算机的外部设备主要包括输入/输出设备和外部存储器等，而平常所说的硬盘、光驱等外存储器一般都安置在主机箱中；计算机的主机箱里有一块印制电路板（主板），通常将计算机中重要的部件都安装在这块电路板上，如CPU、内存储器以及总线槽、插座、电池和外设接口等。

1.微处理器

微处理器（MPU）一般也称为中央处理器（CPU），它是由大规模和超大规模集成电路组成的模块，是微机硬件中的核心部件，具有运算能力和控制能力。其处理数据速度的快慢直接影响着计算机性能的发挥，因此人们把它视为计算机的心脏。

2.存储器

存储器是微型计算机系统中的记忆设备，它主要用来存储各种信息，如计算机要执行的程序和数据处理的结果（包括中间结果和最终结果）。存储器中最小的存储单元是一个双稳态半导体电路或一个CMOS晶体管或磁性材料的存储器单元，它可存储一个二进制代码。由若干个存储元组成一个存储单元，然后由多个存储单元组成一个存储器，形成一个完整的存储空间。

根据计算机系统中存储器所起的作用，可将存储器分为主存储器、辅助存储器、控制存储器、高速缓冲存储器等。为了解决存储器要求容量大、速度快、成本低三者之间的矛盾，目前通常采用多级存储器体系结构，即使用主存储器、高速缓冲存储器和外存储器。

3.系统总线

为将各部件和外设备与 CPU 直接连接，常用一组线路配以适当的接口电路来实现，这组多个功能部件共享的信息传输线称为总线，计算机系统通过总线将 CPU、存储器和输入 / 输出设备连接起来。所以，总线是 CPU 与其他部件之间传送数据、地址和控制信号的公用通道。从物理上讲，总线是计算机硬件系统中各部分互相连接的方式，具体体现为扩展槽；从逻辑上讲，总线是一种通信标准，是关于能在 PC 中工作的协议。采用总线结构便于部件或设备的扩充；使用统一的总线标准，不同设备间互联将更容易实现。

通常采用总线速度和数据通道的带宽两项指标对系统总线性能进行衡量。由于系统总线的类型和速度会妨碍计算机中其他部件性能的提高，所以需要适当地选择总线和不断更新总线。

4.输入 / 输出接口电路

所谓接口电路，是指 CPU 和存储器、外部设备或者两种外部设备之间，或者两种机器之间通过系统总线进行连接的逻辑部件。它是 CPU 与外界进行信息交流的中转站，可以实现数据缓冲、信号转换、对外设的控制和检测、设备选择、中断或 DMA 管理、可编程等功能。它具有以下特点：

（1）接口电路一般都由寄存器组、控制电路和专用存储器几部分组成，当前的控制指令、通信数据及外部设备的状态信息等分别存放在专用存储器或寄存器组中。

（2）所有外部设备都通过各自的接口电路连接到微型计算机的系统总线上。

（3）接口电路的通信方式分为串行通信和并行通信，串行通信是使数据一位一位地按顺序传送，并行通信则是将数据各位同时传送。

5.输入 / 输出设备

输入 / 输出设备（I/O 设备）又简称外设，是为微型计算机提供具体的输入 /

输出手段。标准的 I/O 设备指键盘和显示器。此外，常用的输入 / 输出设备有鼠标、扫描仪、数码摄像机、数字化仪、激光笔、话筒、智能打印机、多功能绘图仪、音响等。

（二）其他硬件

1.条形码阅读器

条形码是由宽度不同、反射率不同的色条和空白条，按照一定的编码规则（码制）编制成的，用以表达一组信息的图形标识符，即条形码是一组粗细不同，按照一定的规则安排间距的平行线条图形。

普通的条码阅读器一般采用 CCD、激光、光笔三种技术，它们各有优缺点，当前还没有一种阅读器能够在所有方面都具有优势。

2.图书监测仪

图书监测系统又称图书防盗系统，系统由监测仪、监测通道和隐藏于书中的传感磁条组成，我国对图书监测系统的开发研究始于 1979 年，由上海交通大学消磁研究室承担选题。上海交通大学在开发研究过程中经历了磁感应式、磁饱和式和数字式三代图书监测系统的研究历程。

图书监测仪一般可分为高频监测仪和低频监测仪两种。前者的主机和监测支架体积较小，仪器外观较为美观，但配套的监测介质体积较大，通常是用细漆包线绕制，再将其封装在较硬的装饰物中。后者的主机和监测支架体积较为庞大，监测介质是 120 mm × 3 mm × 0.1 mm 左右的专用钴基镀镍（镀钛）合金条制成，体积小，柔软且有弹性，俗称磁条或软标签。现在，还有一种集高、低频监测仪功能于一体的智能化监测仪，该仪器以微处理器为核心进行工作，具有小型化、网络化和智能化等特点，是近年来生产的新产品。它可广泛应用于商场、图书馆、超市等场所，逐渐成为用户的首选产品。

3.磁盘存储器

磁盘技术发展很快，磁盘存储器是目前计算机系统中应用最普遍的辅助存储器。它的种类很多，按盘片的材料可分为硬盘和软盘，按盘片结构可分为可卸式磁盘和固定式磁盘，按磁头可分为固定头磁盘和活动头磁盘。

4.光盘存储器

光盘是一种海量存储载体，其图形、声音等信息的存储量极大，这是一般磁盘所不能达到的。光盘的产生使人类实现了把图书馆与信息中心等随身携带的梦想，从而大大减少了长距离联机检索的要求。现阶段主要有两种类型的盘体结构：一种是接触型密封盘体结构，在存储介质表面直接覆盖一层透明聚合物；另一种是空气夹层型盘体结构，它将光盘基片和保护层功能合二为一，通过隔离垫环将两张基片厚度为1 mm的光盘盘片相向黏结，中间形成一个洁净的空腔，有效地保护了存储介质。

二、图书馆信息化建设的软件建设

（一）微机软件系统

现代微型计算机只有硬件设备是不行的，只具备硬件设备的机子称为"裸机"。为了实现生活、工作中的各种需求，还需在裸机上配备各种软件。软件是指为解决问题而编制的程序及其文档。计算机软件不仅包括计算机本身运行所必需的系统软件，还包括供用户完成任务所需要的应用软件。没有软件的计算机只是一个没有灵魂的躯壳，而软件又只能依靠硬件才能执行，所以现代微型计算机是依靠硬件系统和软件系统的协同工作来执行给定任务的。

1.系统软件

系统软件是为了使计算机正常、高效工作而配备的各种管理、维护和监控系统的程序。系统软件主要包括以下几个方面：

（1）操作系统软件，这是软件的核心。

（2）各种语言的编译程序和解释程序（如 BASIC 语言解释程序等）。

（3）各种服务性程序（如机器的调试、诊断程序和故障检查等）。

（4）各种数据库综合管理系统（如 FoxPro 等）。

系统软件的应用一方面能方便用户使用计算机，另一方面能更好地发挥计算机的效率。

2.应用软件

应用软件是为了解决实际问题而开发的计算机应用程序。应用软件往往都是针对用户的需要，利用计算机来解决某方面问题的数学计算软件包、统计软件包、有限元计算软件包。事务管理方面的软件有工资系统、财务系统、人事档案系统等。为什么计算机的角色如此强大呢？最根本的原因是计算机可以运行各种程序，从而发挥强大的作用。

3.程序设计语言

计算机语言是人与机器进行信息交换的工具。随着信息技术的不断发展，计算机语言得到了不断发展。它可以分为机器语言、汇编语言和高级语言。

（二）其他相关软件系统

完整的图书馆信息化解决方案的软件系统包括制作系统、发布系统、应用平台等。制作系统可以将原始资料数字化；发布系统可以将制作系统数字化后的数据发布到数字图书馆中，供用户使用；应用平台对读者和用户来说是访问数字图书馆的一个渠道，为用户提供了操作界面，并将网站管理平台、阅读器、全文检索系统等汇聚在一起，方便用户使用。网站管理系统应涵盖网站维护、数据追加、流量监控、用户管理等功能。

数字图书馆系统的核心是全文检索系统，数字图书馆的易用性在很大程度上通过全文检索系统得以体现。全文检索系统提供分类检索、作者检索和标题检索等检索功能。阅读器可以为读者提供原始出版物的信息，是读者看清数字图书馆真面目的工具。

三、加强高校图书馆彼此间的合作和联盟

加强高校图书馆之间的联盟与合作对图书馆的信息化建设有着重大的意义，主要体现在以下几个方面：

（一）增强高校图书馆的文献购买力，避免双重建设资金流失

随着社会的不断发展，文献信息的数量每年都在爆炸式增长。同时，文献资料价格节节攀升。相比之下，各大学对图书馆文献建设的投资减少了，甚至出现"负增长"。如何利用有限的采购资金实现文献资源建设的最优化成为摆在图书馆从业人员面前的一道难题。通过建立高校图书馆联盟和高校图书馆之间的合作，可以充分实现联盟内图书馆资源的共建共享。一方面，可以转移和分享联盟内各成员图书馆的文献资源，有效避免重复采购造成的资金浪费；另一方面，可以利用集团采购优势来使零售商降低文献价格，使用相同的资金买到更多的文献资源。

（二）促进各高校图书馆特色文献资源建设

建立高校图书馆联盟以实现联盟内各图书馆资源的共建共享，使联盟内各成员都能够针对本校的特色专业及重点科研课题来合理分配资金，更有目的性地配置文献资源，从而形成各自的特色馆藏，更好地服务于学校的科研和教学工作，发挥图书馆在学校教学和科研工作中的重要作用，扩大图书馆的影响力，提高图书馆在学校中的地位。同时，各成员馆特色馆藏的建设为大学图书馆联盟内部的文献资源传递、共享创造了条件。

（三）增强高校图书馆满足读者文献需求的能力

随着社会信息化进程的加快，信息总量不断增加，读者对信息的需求逐渐变得多元化。目前，单一的大学图书馆收藏的文献信息资源已不能满足读者的需求。建立图书馆联盟，实现文献资源的共享已成为大学图书馆的必然选择。图书馆联盟可以打破区域乃至国家之间的地理界限，打破各大学的专业壁垒，通过联合建设和虚拟馆藏实现联盟内各大学文献信息资源的互通互联、全面共享。在各大学图书馆建设特色馆藏的基础上，联盟可以充分体现每个图书馆的资源特色，使原本闲置或分散的资源得到有效利用，形成一个完整的、多样化的信息资源库，进而满足读者对不同类型文献信息的需求。

四、逐渐完善图书馆的资源数字化建设

21 世纪是一个网络化、数字化的时代，随着网络技术和信息技术的不断发展，图书馆的馆藏资源也发生了翻天覆地的变化。数字资源快速发展，在馆藏结构中所占比例越来越大。如何合理建设数字资源，构建图书馆数字馆藏体系，以保障高效的资源利用率，更便捷地服务于用户，成了各个图书馆研究、探讨的新课题。

（一）合理采选资源

数字化馆藏计划就是依据本馆的总体目标，结合本馆馆藏情况确定数字馆藏的比例结构、发展速度与数量的科学方案。实际上，建设数字资源是每个图书馆可持续发展的要求。图书馆作为学校教学辅助的重要机构，其服务宗旨就是为院校广大师生提供信息服务，以满足其学术研讨的信息需求。因此，在实施数字化资源建设方案时，先要明确图书馆服务的对象，熟知本校教学科研的内容和方向，对各专业的研究课题有总体的把握。图书馆可以通过与专家座谈、对学校师生进行问卷调查等方式，更深入、具体地了解师生的各方面需求，根据反馈回来的信息，结合本馆实际情况，有的放矢地制订合理的、针对性强的资源采购计划。一方面，引进合适的、成熟的外来数据库，如中国学术期刊全文数据库、中国年鉴网络出版总库、中国标准全文数据库等，以满足用户对信息资源的需求；另一方面，根据本校特色专业和特殊的信息需求，着力打造个性化的自建数据库，如可以为重点学科专业构建专门的信息资源体系，还可以收录本校学士、硕士毕业生的毕业论文，专家、教授研究的项目课题等，建立一个完整的完全来自本校学术成果的原生文献数据库。

（二）整合数字资源

1.数字资源整合的目的

数字资源类型多、数量多，加上数据库之间应用程序各异、内容交叉重复、知识关联度低、信息数据格式和存储方式多样化以及检索语言、方法之间存在差异等因素，给用户利用数字资源带来很大不便。因此，如何合理收集分布在不同领域的不同载体、不同类型的数字资源，并使用户有效利用，就成了数字图书馆建设的重要任务。也就是说，数字资源整合势在必行。数字资源整合即运用各种技术手段对图书馆众多的数字资源进行系统化和完整化的整理，目的是将所有数字资源透明地、无缝地集成在一起，以方便用户使用。

2.数字资源整合的原则

数据整合是一个系统工程，实施过程中应遵循一些原则。首先，整合后的资源系统应涵盖各子系统的内部功能，体现数据对象之间的内在联系。其次，整合资源要有层次，数字资源本身和用户需求的层次性要求按多种类型、多种层次、多种方式进行多维整合。同时，数字资源整合的过程必须是科学合理的，不能盲目拼接、凑合，要运用一切技术手段合理配置资源，优化组织结构。最后，数字资源的集成应遵循经济性原则，并在自身经济力量有限的情况下，通过最佳的方法，以较少的经济投入实现最大化的功能，达到事半功倍的效果。另外，还要扩大服务范围，提供优质服务，创新服务模式，以产生最大的经济效益。

3.数字资源整合的方式

图书馆数字资源整合方式有很多种，主要包括基于 OPAC（联机公共检索目录）的数字资源整合、基于导航系统的数字资源整合、基于链接系统的数字资源整合、基于跨库检索系统的数字资源整合。OPAC 是一种通过互联网对馆藏资源进行检索的工具，也是读者查找和利用图书馆文献资源的主要浏览工具。通过 OPAC 系统，将不同途径、不同方式获取的数字资源整合于图书馆的网站上，把实体资源与虚拟资源融为一体，实现一站式检索，从而方便读者使用，提高数字资源的利用率。基于导航系统的数字资源整合是通过为分散在不同数据库中的数字资源建立一个具有统一浏览、检索等功能的导航系统，提供按资源名、关键词、资源标识等获取数字资源的途径。这样，用户通过一个浏览器就可以对导航系统中的数字资源进行检索和查阅。利用网络超文本链接特性，将文献的有关知识点链接起来，使有关的数字资源链接在一起，形成一个具有内在联系的有机整体，这就是基于链接系统的数字资源整合原理。数据库检索系统是指以分布式异构数据源为对象的检索系统，系统为用户提供统一的检索接口，将用户的检索请求转化为不同数据源的检索表达式，并发送至检索本地和互联网上的多个分布式异构数据源，对检索结果加以整合，在经过去重和排序等操作后，以统一的格式将结果呈现给用户。无论哪种整合方式，都是为了更好地服务于用户，利用各种技术把数字资源系统地整合在一起，充分发挥资源的使用价值，提高数字资源的利用率。

第二章 高校图书馆信息技术及应用

第一节　条码技术

一、条码的基本概念

（一）定义

"条码"源自英文"barcode"，因其外形，人们又称其为"条形码"。为了统一名称，国家标准定义为"条码"。

条码是"一组表示一定的信息，由规则排列的条、空及对应字符组成的标记"。在这一定义上表述了三层意思：一是条码由条码符号（包括空）和字符构成；二是条码符号与字符是对应的关系，即两者所包含的意思是完全相同的；三是条码表示一定的信息，如图书上的条码表示图书的序列号。

（二）码制

条码的码制是指条码符号的类型，符合特定编码规则的条和空组合而成各种类型的条码符号。每种码制都有固定的编码容量和规定的条码字符集，所以条码字符中字符总数不能大于该种码制的编码容量。常用的一维码的码制种类包括 EAN 码、39 码、交插 25 码、UPC 码、IM 码、93 码及库德巴码等。

（三）字符集

条码字符集是指某种码制所表示的全部字符的集合。字符有时也称代码，它包括一组十进制数字和某些英文字母以及某些特殊符号。要采用哪些字符，是由条码的用途决定的。例如，EAN 码虽然有 13 位数，但只用 0 ~ 9 这 10 个数字符。而某些条码的字符不论长度是多少位，除了用 0 ~ 9 这 10 个数字符外，还要用 A ～ Z 这 26 个英文字母，有的甚至要用特殊符号，如 $、%、一、@、（空）、[ ] 等。

（四）结构

以一维条码为例，其大体由两侧空白区、起始符、数据字符、校验码（可选）和终止符以及供人识字符等组成（图 2-1）。

图 2-1 条码结构

空白区：是指条码左右两端外侧保留的必要空间，它的颜色和反射率与空一致。

起始符：是指条码起始位置的若干条与空，表示从它之后开始显示条码字符的信息。各种条码的起始符有不同的规定。

终止符：是指在条码终止位置的若干条与空，表示条码字符信息至此结束。各种条码的终止符有不同的规定。终止符和起始符有的相同，有的不相同。

条码数据符：表示条码表示的特定信息。

条码校验符：表示校验码的信息。

识别字符（图 2-2）：在条码字符的下方，和相应的条码字符对应，用于供人识读的字符。

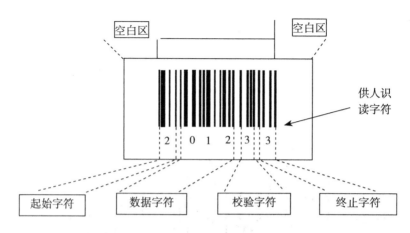

图 2-2 识别字符

二、二维条码

一维条码在垂直方向不表达任何信息，只是在一个方向（一般是水平方向）表达信息，其具备一定的高度，一般是为了方便阅读器对准。一维条码的应用可以减少差错率，提高信息录入的速度，但是一维条码也存在一些缺陷：数据容量较小，只有 30 个字符左右；只能包含字母和数字；条码尺寸相对较大（空间利用率较低）；条码遭到损坏后便不能阅读。

二维条码（图 2-3）是指在水平和垂直方向的二维空间存储信息的条码。它能够在横向和纵向两个方向上同时表达信息，不仅能在很小的面积内表达大量的信息，还能够准确表达汉字和存储图像，可靠性高，保密性、防伪性强。

图 2-3　二维条码 PDF417

二维条码的码制有许多不同的编码方法，或称码制。就这些码制的编码工作原理而言，通常可分为以下三种类型：

（1）线性堆叠式二维码。它是在一维条码编码原理的基础上，将多个一维码纵向堆叠而产生的，如 Code 16K、Code 49、PDF417 等。

（2）矩阵式二维码。在一个矩形空间，通过黑、白像素在矩阵中的不同分布进而得到的编码称为矩阵式二维码，如 Aztec、QR Code、Data Matrix 等。

（3）邮政编码。通过不同长度的条进行编码的条码称为邮政编码，主要用于邮件编码，如 Postnet。

三、条码识别设备

条码符号的识读需要借助一定的专用设备，将条码符号中含有的编码信息转换成计算机可识别的数字信息，并通过计算机的键盘接口、串口等输入计算机。

条码识别设备由条码扫描和译码两部分组成，现在绝大部分条码识读器都将扫描器和译码器集成为一体。根据不同的用途和需要，人们设计了各种类型的条码识读器。下面介绍一些常用识读设备，以一维条码识读设备为主，包括激光枪、CCD 扫描器、光笔和全向扫描平台。

（一）激光枪

激光枪属于手持式自动扫描的激光扫描器。激光扫描器是一种远距离条码阅读设备，其性能优越，因而得到了广泛应用。其优点是识读距离长，通常能在 0.3 米以外识读。有些长距离的扫描器的扫描距离甚至可以达到 3 米，且具有穿透保护膜识读的能力，识读的精度和速度比较高，防震防摔性能好。缺点是对识读的角度要求比较严格，条码的长度受光学系统的限制，并与扫描器到条码符号的距离有关。

（二）CCD 扫描器

这种扫描器主要使用了 CCD（电荷耦合器件）。CCD 元件是一种电子自动扫描的光电转换器，也叫 CCD 图像感应器。它可以代替移动光束的扫描运动机构，不需要增加任何运动机构，便可以完成对条码符号的自动扫描。其优点是无任何机械运动部件，性能可靠，寿命长，价格比激光枪便宜，重量比激光阅读器轻，而且不像光笔一样只能接触阅读；其缺点是条码的长度受限制，景深小，大部分 CCD 阅读器的首读成功率较低且误码概率高。

（三）光笔

光笔采用手动扫描的方式。扫描器内部没有配备扫描装置，它所发射出的照明光束的位置相对于扫描器基准固定，需要手持扫描器扫过条码符号完成扫描。

光笔的优点是，与条码接触阅读，能够准确识别被阅读的条码；阅读条码的长度不受限制，可以根据具体情况而定；与其他的阅读器相比，成本较低；内部没有移动部件，比较坚固；体积小，重量轻，耗电量非常低。光笔的缺点是，使用光笔扫码会受到各种限制，如在特定场合不适合接触阅读条码；只有在比较平坦的表面上阅读指定密度的、打印质量较好的条码时，光笔才能发挥自身的作用；操作人员只有经过一定的培训学习才会使用光笔；光笔的首读成功率低且误码率较高，因为它必须接触阅读，当条码因保存不当而损坏或者上面有一层保护膜时，光笔都不能识别。

（四）全向扫描平台

全向扫描平台属于全向激光扫描器。全向扫描是指标准尺寸的条码从任何方向通过扫描器的区域，都会被扫描器的某个或某两个扫描线扫过整个条码符号。其优点是，扫描快速而高效，可以阅读不规则的条码表面或透过玻璃、透明胶纸阅读，因为是非接触阅读，所以不会损坏条码标签；误码率极低（仅约为三百万分之一）；首读识别成功率高、识别速度比光笔及 CCD 更快，而且对印刷质量不好或模糊的条码识别效果好。其缺点是价格较高。

四、数据采集器

把条码识读器和具有数据存储、处理、通信传输功能的手持数据终端设备结合在一起，就构成了条码数据采集器，简称数据采集器或数据终端。它具备实时采集、自动存储、即时显示、即时反馈、自动处理、自动传输的功能。它实际上是移动式数据处理终端和某一类 94 型的条码扫描器的集合体。数据采集器按处理方式分为在线式数据采集器和分批处理式数据采集器，根据产品功能分为手持终端、无线型手持终端等。

与条码扫描器相比数据采集器多了自动处理、自动传输的功能。条码扫描器在扫描了条码之后，只能将所得到的数据传给 PC，而数据采集器在扫描了条码之后，可以先把所得结果存储起来，根据客观需要再经过接口数据批量处理数据，也可以通过与无线局域网、GPRS 或广域网相连，实时传送和处理数据。

（一）便携式数据采集器

便携式数据采集器是为方便进行现场数据的收集和扫描笨重物体的条码符号而设计的，适宜脱机使用。便携式数据采集器集激光扫描、汉字显示、数据收集、数据处理、数据通信等功能于一体，兼具掌上电脑、条码扫描器的功能。

它可以将计算机网络的部分程序和数据下载至手持终端，也可以脱离计算机网络系统独立进行某项工作。数据采集器必须通过 PC 数据库获取基本信息，存储的操作结果也必须及时输入数据库。

（二）通过无线电波进行数据收集的采集器

通过无线电波进行数据收集的采集器有很多优点，它不仅具有一般便携式数据采集器的优点，还由于是通过无线电波与计算机实现通信的，传送数据十分及时，效率得到很大提高。同时，可以使数据从原来的本机校验、保存转变为远程控制、实时传输和处理。

五、条码打印设备

目前，条码打印设备大致分为两类：一类是通用打印机，另一类是专用条码打印机。通用打印机有很多种类，如点阵式、喷墨式、激光式等。使用通用打印机打印条码标签需要专用软件，通过生成条码的图形进行打印，这种打印的优点是简单方便且花费较少，能够打印较大的幅面，对用户来说易学易用，很方便。但因为通用打印机能够打印的东西很多，不具有专一性，因此在使用时很烦琐，实施性较差。专用条码打印机是专为打印条码标签而设计的，它具有打印质量好、打印速度快、打印方式灵活、使用方便、实时性强等特点。根据印制条码方式的不同，其可以分为热敏式打印机和热转式打印机。热敏式打印机就是用热敏纸来打印，热敏纸在高温及阳光照射下容易变色，因而用热敏打印机打印的条码在保存和使用上存在一些问题，但其设备简单，价格低。热转式打印方式与其他打印方式相比，具有分辨率高、打印质量好、打印速度快、操作简便、成本低、容易维护等优点，因而是条码打印的最理想方式。

六、条码的特点

（1）可靠准确。有资料表明，键盘输入平均每 300 个字符出现一个错误，而条码输入平均每 15 000 个字符出现一个错误，如果加上校验位出错率则是千万分之一。

（2）数据输入速度快。条码输入与键盘输入相比，在相同情况下，速度能提高五倍，缩短了工作时间。

（3）花费较少。和其他类型的技术相比，使用条码技术花费较少。

（4）使用的方式和形式更加多样化。一方面，它可以独自被使用；另一方面，它可以和其他系统一起来识别软件，或者管理整个系统。此外，它可以使用手工键盘录入信息或数据。

（5）活跃度高。条码表达信息的时候仅在一维方向上，信息是连贯的，这样的好处就是即便条码的某部分被损坏了，我们也可以得到正确的信息，很方便。

（6）操作设施简单。设施构成十分简单，一般人员很容易就能理解并使用这个设备，不需要专门的技术人员。

（7）制作简单。制作方法很简单，而且使用的材料较为稳定，对要使用的设备也无特别要求。它被称为"可印刷的计算机语言"。

七、条码应用

条码在各行各业被广泛使用，条码技术在图书馆中使用率很高，如在需要运用网络的书籍的借阅、整理、收藏和电子读物方面发挥着必不可少的作用。例如，在读者的借阅管理中，每个借阅证上都有条码，并且是唯一的，用来识别不同的读者。经过计算机处理，可以对读者资格进行审查，检索其借阅信息。每一本书都具有唯一的条码标识，工作人员只需要扫描书上的条码即可进行借还，大大提高了效率，减少了输入错误。图书馆都有书刊管理功能，在此方面，条码的应用十分广泛，包括分管整理书刊、调配书刊、收藏书刊、去除旧的书刊等。例如，馆藏清点时只需要把条码扫入数据采集器后再输入计算机，而不必将号码一个个用笔写下再键入计算机。可以说，条码在图书馆的大规模应用是实现图书馆自动化的必要条件。

第二节　RFID 技术

一、RFID 技术基本概念

RFID（射频识别）技术是不需要接触的自动识别技术。其工作原理如下：它通过射频信号自主辨认目标并且获取相关数据，在此过程中不需要人为操作，而且可以在恶劣环境中工作。它对速度比较敏感，可以同时辨认出多个速度很快的物体，而且操作十分迅速、简单。

另外，短距离射频产品可以在较差的环境中代替条码使用，它可以在工厂的流水线上实时追踪物体来测试其相关量。长距射频产品常常被用在交通方面，可识别距离最长可达几十米，在高速路上的测速仪和收费站中被使用。

最基本的 RFID 系统由三部分组成。

（1）标签：由耦合元件和芯片组成，它只有一个不可改变的编码，主要作用是被粘贴在物品上以辨认目标。

（2）阅读器：读取标签信息的设备，它被设计为不同的形式，有手握式和固定式两种。

（3）天线：在标签和读取器间传递射频信号。

RFID 标签中往往存储着一定格式的数据，在使用时，一般将它置于所要识别的物体表面。阅读器主要是通过天线传递一定频率的信号，当标签进入磁场时产生感应电流，获得能量，发送出自身编码等信息，阅读器即可无接触地读取并识别电子标签中所保存的电子数据，从而达到自动识别物体的目的。阅读器通常与计算机相连，所读取的标签信息被传送到计算机上进行下一步处理。

RFID 标签分为两种：主动式标签和被动式标签。与被动式标签相比，主动式标签内部需要有一个电源，它可以用来读写数据和修改数据，它射程远、范围大，但是价格昂贵，能够被使用的时间短，而且体积较大。

二、RFID 的特性

（1）可以在黑暗的条件下工作，甚至可以隔着物体读取数据，只要在探测范围内，就可以从任何方向、角度获取信息。

（2）寿命长，而且可以在各种恶劣的条件下使用。

（3）它具有很强的嵌入和附着能力，可以很轻松地连接在各种不同的物体上。

（4）获取信息的能力很强，能够间隔较远距离读取信息。

（5）效率高，可以节省时间，能够方便地录入和存储信息。

（6）内容可以动态改变。

（7）能同时进行多个标签的处理，据试验，一秒可读取多达 20 册图书的标签。

（8）标签的数据存取有密码保护，安全性更高，误码率低，不易伪造。

（9）具有定位的能力，可以对 RFID 标签所附着的物体进行追踪定位。

三、RFID 的应用

（一）RFID 在国内外图书馆的应用现状

从记录文字的羊皮纸到电子图书，从借书用的借书卡到需要电子芯片的借阅证，可以看出图书馆在一步步地发展、进步。随着 RFID 及配套芯片技术的持续发展和演变，图书馆也一步步地发展、进步、革新，同时图书馆的服务质量得到了提升。RFID 技术在国外图书馆的应用始于 20 世纪 90 年代，在国内，这一进程比国外晚了近 20 年。

截至目前，图书馆已经由原来的手写或者拓印的方式进步到了通过网络和条形码进行管理的方式。然而，随着图书馆的不断发展，不可避免地出现亟须解决的问题，比如，如何实现自动归还图书，自动整理分析的功能，业界急于寻找一种更为先进的管理模式来提高图书馆的服务水平。RFID 技术的出现让我们看到了希望。

RFID 技术在 1984 年由 Harry Stockman 提出，从最初应用于军事方面慢慢发展到各个领域。1999 年，RFID 技术被正式应用于图书馆领域，洛克菲勒大学图书馆和密歇根州的法明顿社区图书馆开始应用 REID 技术。我国最先使用 RFID 技术的图书馆是深圳图书馆和集美大学诚毅学院图书馆，此后经历了较为缓慢的发展时期。

1.RFID 在国外图书馆的应用情况

从 20 世纪 90 年代末期开始，越来越多的国家为了提高图书馆的自动化管理和服务水平开始使用此技术，国外的图书馆和相应的系统供应商都十分重视 RFID 技术在图书管理中的应用。例如，新加坡的 ST Logitrack、美国的 3M、瑞士的 Bibliotheca 等公司都相继提出了 RFID 技术应用于图书馆服务的系统化方案，包括图书借还、自动分拣、理架顺架等具体的服务流程。此外，许多书商也将目光投向 RFID 标签转换领域。

目前，在 RFID 技术应用方面较为领先的是美国图书馆，在美国有 300 多家图书馆使用此技术。但是，RFID 系统在中小型图书馆中使用较为普遍，因为大型图书馆更换原系统太复杂。若要研究此技术在美国图书馆的应用，则必须提及西雅图公共图书馆，它配备了全自动的 RFID 分类系统，借阅者在还书时只需将书放在特定的窗口，窗口内有传输带可自动将图书传至二楼，二楼有专门管理图书的区域。这一区域有专门的 RFID 读取器，能够自动读取书上的 RFID 标签，同时将标签内的信息录入电脑，进而自动分类。对于其中需要归架的图书，输送带会在读取资料后将其送往停放于一旁的十二个书车中的一个，此时安装的机器手臂会将书籍方向导正并将其摆到书架上；若其中有被其他分馆的读者预约的图书，输送带会自动将其转往各个分馆的图书箱，以便次日将其送往分馆并通知读者。西雅图公共图书馆引进的这套自动分类系统可不分时段地运转，使图书馆在不裁撤图书馆员的情况下，可以将更多的时间和精力转向提升服务水平与提高服务读者效率上去。

在亚洲，最早使用 RFID 技术的国家是新加坡，新加坡图书管理局于 1998 年测试了 RFID 技术在图书馆的图书物流系统中的应用并获得成功，测试内容包括图书分拣和流通等过程。目前，RFID 技术在新加坡国内已基本普及，各地图书馆都引入了 RFID 自助借还系统和自助分拣机等来简化工作流程。除新加坡外，马来西亚是 RFID 技术应用于图书馆领域发展最快的国家之一，日本图书馆的 RFID 技术水平目前也居于世界前列。

2. 中国使用 RFID 的状况

我国图书馆采用 RFID 技术与西方国家相比起步较晚，首次使用是 2006 年，在厦门集美大学诚毅学院图书馆和深圳图书馆。深圳图书馆的 RFID 技术使用情况：该馆在书籍分拣流通、OPAC 导引等方面引入 RFID 技术，并基于 RFID 技术自主研制出了 RFID 智能书车。特别是 OPAC 检索系统的引入，使读者在查找书籍时可以摆脱以往的单纯靠索书号指引的局限性，能够直接被指引到第几区第几排第几层书架，提高了图书馆的人性化服务水平，同时使人们能更充分地利用公共资源。在引进此技术之后的一年内，更多的人去深圳图书馆读书和借书，借阅量有了很大的提高。在归还所借阅的图书时，有超过 80% 的读者应用了此技术，减少了图书馆工作人员的工作量。

汕头大学图书馆引入了安全门禁系统和馆员工作站，并拥有 RFID 标签转换装置和移动智能书车。汕头大学图书馆使用移动智能书车进行图书上架，应用 OPAC 系统，使读者能够精准地了解图书的位置，大大提高了读者寻找图书的效率。此外，汕头大学图书馆打破了以往图书严格按照书号排序的传统，使图书只要放在所规定的层格中即可，这样不仅减轻了馆员理架顺架的工作，也提高了服务效率。

然而在我国，高校馆与公众馆相比，使用此技术的高校馆还比较少。但总而言之，会有越来越多的图书馆引入该项技术。

（二）RFID 技术在图书馆的应用功能研究

1. RFID 应用于图书馆的基本功能

RFID 在图书馆的应用中，基本功能主要体现在图书资料的借阅、上架理架等几个环节，如图 2-4 所示。

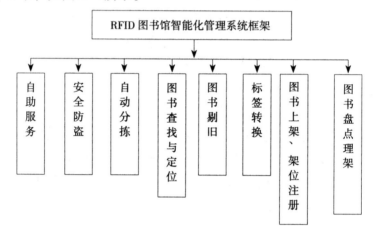

图 2-4 RFID 智能化图书馆管理系统基本框架

（1）自助服务。自助服务是指用户根据自身的阅读偏好、研究目标和兴趣需求自主完成资料检索、书目查找和文献借阅等一系列活动，从而实现图书借阅的行为。自助借还机最基本的原理是 RFID 阅读器与相关应用软件的互联互通。

（2）安全防盗。RFID 技术有一个专门的安全门禁系统，它的工作原理是扫描和识别文献上的电子标签，防止图书被盗。安全防盗系统有多种类型，并且具有报警的功能，可以声、光同时报警，这样就能及时发现丢失的图书并在第一时间反馈给馆员，实现防盗的目的。

（3）自动分拣。读者将图书放置到还书口，传送带上的阅读器读取 RFID 标签并获得资源分类号。自动分拣是与自助借还书设备搭配使用的自动化设备。

（4）图书查找与定位。这一功能节约了人力，读者可以通过链接或者图片显示准确地找到所需的图书。

（5）图书剔旧。首先在 RFID 系统中设置一定的剔除旧书的频率，再通过借阅图书的频率得到需要剔除的图书，这样可以及时、高效地完成图书剔旧工作。

（6）标签转换。标签转换装置 =RFID 阅读器 + 标签分发器 + 条码扫描器。RFID 标签通过读取条码信息来实现与书籍或其他形式文献的绑定，可以完成书籍流通前的处理操作。

（7）图书上架、架位注册。图书的上架和价位注册主要由 RFID 盘点推车完成。

（8）图书盘点理架。目前的自动盘点设备主要有便携式和推车式两种。自动盘点可以自动完成图书放置工作，通过扫描其电子书签，可以查找和统计图书资料。RFID 自动分拣机可以远距离读取，并且可以同时读取多个标签，操作快捷、方便。

2. RFID 的扩展功能

RFID 的扩展功能在每个图书馆中的具体应用都是不同的，各图书馆按照自身的具体情况，定制一套满足其需求的 RFID 的拓展功能，具有很高的针对性和实用性。虽然 RFID 的扩展功能没有被广泛地开发和使用，但是它的潜力无穷，前景非常好。

（1）已经实现的扩展功能。目前，国内外的一些图书馆已经实现并应用了RFID 的某些扩展功能，但数量较少，如日本九州大学的图书馆智能书架。

① 智能书架。智能书架最早应用于日本九州大学的图书馆，它被人们称为全球最有前景的应用之一。但很可惜的是，如今的 RFID 的智能书架还停留在人工操作阶段，即使可以减少我们的工作量，也需要耗费大量的人力、物力。因为工作人员的数量是有限的，但是工作量很大，这就导致出现很多的差错，如书本被放错位置。智能书架是在书架上安装多天线的 RFID 阅读器，采用轮询的读取机制，把书架上的图书情况实时保存下来，然后通过网络返回到电脑上，可以实时检测书本是否在检测范围内，并可以检测图书的排架情况。除此之外，智能书架还可以统计书架上图书的利用率，对这些数据进行分析总结，并以此为基础来进行增值服务。

② 对行为的侦查和监测。行为侦测是指利用射频识别技术对在馆书籍进行借还、取阅率统计、查询定位、读者个性化导览等行为的侦查和监测，这一工作必须在超高频率的环境下进行。在书架上安装多台阅读器，按照固定时间段对书架上的文献资料进行扫描，若无法感应到该资料的存在，便将其视为被取

阅，将该信息录入系统做标记后，等待下一次的感应。查询定位是对图书馆所有区域内的书籍进行查找，通过阅读器的扫描来管理错架乱架的图书，也可查找下落不明的资料。读者个性化导览是指为每个读者提供便携导览设备，从而根据读者需求提供个性化的实时服务。

（2）RFID 需要被发掘的作用。

① 自助缴纳罚款。自助缴纳罚款即在自助借还设备上将校园卡关联到相关的管理软件上，这样如果借阅逾期了，借阅者只需要在自助借还设备上应用相关软件就可以自动扣除逾期的费用，在非工作时间也可以完成操作，避免发生用户亲自在馆员工作时间到人工服务台缴纳罚款而耽误再次借阅的情况。

② 个性化学科服务。个性化学科服务指的是专门针对 RFID 技术应用所收集到的信息进行的更深层次地挖掘和整理，并且可以对图书的借阅情况进行统计，从而进一步为特定读者提供特定学科的书籍推荐导引服务，这也是未来图书馆进行知识管理、成为知识服务机构的重要内容。

③ 机器人智能服务。机器人智能服务是指在借阅室配置机器人，通过机器人的帮助，人们可以精准选择所需的图书并完成借阅。

随着射频识别技术的日益成熟，RFID 技术的无限扩展功能得到充分利用，每个时期的图书馆管理需求和读者需求都是不同的，相关的服务系统和技术也需要进行相应的创新和修改，从而适应外界的变化。不断创新服务内容，提高服务水平对未来图书馆具有深远的意义。

（三）RFID 技术应用于图书馆的优点与缺点

RFID 技术在图书馆的应用展现出相比于传统条码扫描的独特优势，但在实际操作中存在一些不足也是不可避免的。

1. RFID 技术在图书馆应用中的优点

RFID 技术包括很多指标，在实践应用中使用最多的三个指标为读写距离、智能传输速度、多个标签识别，综合这三种技术指标还可以提炼出三种技术需求：识别能力、识别环境、识别效率。通过大量的文献调研和个案研究后，认为图书馆应用射频识别技术主要有以下优点：

（1）加工流程更简单。RFID 阅读器的识别距离可近到几厘米，远到数千米。同时，RFID 具有寻址功能，可在流通加工过程中省去许多不必要的步骤，如粘贴磁条、条码、书标等。这样可简化图书馆员的工作流程，削减馆员工作量，使他们能够把更多的时间和精力投入到创新读者服务的创造性活动中。

（2）环境适应能力更强。图书一旦被借阅，就会脱离管理，外借图书所处的环境具有很大的不确定性。电子标签的天线和内部芯片通常隐藏在塑料等介质中，即使遇到腐蚀和潮湿等恶劣环境，也会有比传统的条形码更多的防止损坏和干扰的明显优势。

（3）借还书的过程更加简单。在 RFID 技术应用中，效率这一问题尤为重要。人工完成一本书的借阅全过程基本需要 5 秒钟，然而使用 RFID 自助借还机却可以在 15 秒钟内完成 10 本书的借阅。RFID 技术的服务方式较为自主，它的穿透性很强，可以一次借还多本图书或资料。此技术操作过程十分简单，不需要人力参与，只需将图书放在特定的设备上几秒钟就可以完成借还的操作，这样就大大提高了效率，减少了所用的时间，避免了排长队现象的出现，减少了馆员工作量。

（4）安全防盗功能更强。安全门禁系统对 RFID 标签和图书上粘贴的磁条进行扫描和安全识别，并判断报警系统是否鸣响。安全门禁系统支持 EAS 防盗和 AFI 防盗，可以一次性完成 20 多本图书的识别，而且识别的精准率很高。门禁可以在没电或者系统不能正常运行的时候进行工作，还可以自动记录报警图书的相关内容。

（5）文献典藏速度更快。文献典藏是图书馆的基础工作，工作量很大。传统的文献典藏主要依靠人力，用条形码使新书入馆，清除无用或者旧的文献，所以很容易出现错误。将 RFID 技术应用在图书馆系统中，可以使馆员迅速扫描并识别出有标签的图书，而且将此装置连接电脑后，相关信息便会输入电脑，与原始数据进行对比分析，得到新的数据。

2. RFID 技术在图书馆应用中的不足

从国外的一些例子中，我们可以看出 RFID 技术发展迅速，但是它的很多缺点也随之暴露出来。

（1）标准化问题。随着图书馆 RFID 标准的建立、RFID 系统的改进和新功能的出现，很多早期应用 RFID 技术的图书馆，由于当时没有 RFID 标准，所以必须通过改进 RFID 系统来发挥它的作用。

（2）RFID 硬件设备的设计问题。将 RFID 自助借还设备投入使用之后，出现了一些不可控的事情，比如，某些大尺寸图书很难或者根本无法自助归还。此类问题需要我们加以重视并逐步解决。

（3）软件系统的安全问题。软件安全隐私问题包括标签本身具有访问缺陷、通信链路安全和阅读器内部安全等。例如，某些黑客会利用图书馆开放的无线网络侵入设备，甚至堵塞通路，使 RFID 阅读器无法工作，造成巨大损失。甚至出现了伪造标签的现象，向阅读器发送虚假数据，导致无法得到真实数据。如果这些问题得不到解决，RFID 将面临重大危机，甚至走向困境。

（4）个人隐私问题。读者担心隐私泄露，主要表现在以下两个方面：一方面，图书的标签和读者证会不同程度地泄露个人隐私，因为标签在制作时使用的是无源的电子标签，所以只需要用同一频率的阅读器试读标签即可获得读者的个人信息；另一方面，由于读者证中存有大量的个人信息，在阅读器感应范围内会被完全曝光，加大了读者个人隐私暴露的风险。

（5）成本问题。和传统的条码相比，RFID 技术使用的成本很高，尤其是在前期，所以对靠学校自身的资金投入来建设的图书馆而言，资金成了一个很重要的问题。RFID 需要配备的设备有很多，而且大多为电子设备，每一项都是不可或缺的投入。

（6）图书安全问题。传统借还书一般都是通过图书馆的馆员来办理，这样馆员可以及时发现图书毁坏或者被涂鸦，并及时进行处理。但是自助借还机对人们的素质是一个极大的考验。这些机器只管理图书的数量，而不管理图书的质量问题，如果图书有了损毁，那么在以后的很长一段时间内可能都不会被发现，更别提进行相关处理了。自助借还机主要是扫描和识别图书上的 RFID 标签，如果标签有损坏或者脱落等情况，便会出现很多问题，这也是现实中存在的图书安全隐患。

（7）RFID 技术的特性缺陷问题。这一问题主要是设备的问题。RFID 标签对技术的要求很高，所以图书馆在购进此类技术设备时需要特别注意。比如，一些厂家吹嘘自己的阅读器识别率很高，但是在使用时出现很多弊端和缺陷，容易受外界的干扰，使用不方便。

（8）门禁灵敏度问题。RFID 安全口的灵敏度会受到许多因素的影响，而且易受到外界的干扰，与传统的条码相比，其抗干扰性能较差。

（9）定位问题。这是由目前技术水平导致的问题。目前 RFID 厂商所提供的 RFID 图书导航系统原理是根据图书所在的架位信息进行定位，最大精确度只能到书架的某一层，无法精确提供图书的具体位置，这一特点决定了目前无法检测图书的错架和是否在架。当前使用了盘点设备但仍需要手工盘点，工作量大，同时误读和漏读现象较多，即便每天在整个馆内扫描一遍，也无法保证书籍位置的正确性。实践过程也证实了该系统在对馆中不在架的已办理或尚未办理借阅手续的图书无法进行定位和查找。

第三节 一卡通

一、一卡通定义

一卡通，简单地说，就是一卡通行或一卡多用之意，即均以 IC 卡技术为核心，在卡上存储相应的信息，并进行身份识别，以电脑技术和通信技术为辅助手段，将某一范围内的各种基本设施连接成一个有机的整体，用户通过一张 IC 卡便可以完成开门、就餐、购物、会议、图书管理、医疗等各项活动。一卡通的开通促进了数据共享、减少了现金流、堵塞了可能的财务漏洞、提高了工作效率、减小了劳动强度、方便了用户。

二、一卡通系统以及应用

一卡通系统由发卡管理系统、读卡设备、信息处理设备、各子系统及相应的软件系统组成。发卡管理系统由发卡机、发卡管理工作站、发卡管理软件等组成，实现操作员管理、人事管理、卡片管理、资料备份与恢复等功能。各子系统亦即一卡通的不同应用领域，包括：门禁管理子系统，实现出入口控制、进出资讯记录、报警输出等功能；考勤管理子系统，实现内部人员的出勤记录、统计、查询等功能；消费管理子系统，作为单位等内部环境里的信用卡，实现现金流通功能。

图书馆的一卡通应用主要有：

（一）门禁系统

利用 IC 卡进行身份验证，只有拥有 IC 卡的人员或其他符合条件的人员方能进入相关场所。这一系统能够对进出场所的人进行监控，能够进行出入情况的数据采集、数据统计。门禁系统身份验证信息来源于一卡通发卡中心的用户数据库。

（二）图书借还管理系统

图书借还管理系统要求与各图书馆使用的图书自动化管理系统进行连接，

增加专门的卡号读取设备与程序接口。在原有系统的基础上，通过用IC卡进行身份验证的功能来加强对图书流动的管理，减少人为因素的过失，及时发现各种违规行为。

（三）查询数字资源的系统

查询数字资源的系统要与图书馆数字资源的储存、整合及发布系统相连接，向不同层次读者开放不同的数字资源。要实现本管理模式，应该根据读者的类别、资源的种类、查询的时间、下载的数量等不同条件进行收费。

（四）多媒体电子阅览室管理系统

想要实现对上机或上网的全程自动监控和实时收费，可利用IC卡的身份验证功能和电子货币功能，它们具有自动登记、自动开关机、自动识别一般上机与上互联网，并分别实行不同的收费管理方式等功能特点，从而方便和简化了管理。如果多媒体电子阅览室采用原有管理软件的图书馆，那么需要解决两者接口问题，才能让两个系统安全、高效挂接，以达到各种信息及数据交换的目的。

（五）收费管理系统

利用IC卡的代币功能可以达到各种收费项目的电子化、单一化和无票化的目的。可以用IC卡来进行罚款、上机计时收费、打印、复印、装订、高层次信息服务、购物、看电影等，此系统能轻易区分图书馆内外人员以及不同类别读者的使用界限，以达到收费精确无误、方便快捷、清洁卫生等目的。另外，此系统必须考虑和现有收费系统（如自动化系统罚款超期子系统）的数据交互、同步问题。

（六）IC卡考勤系统

利用IC卡进行自动身份验证和时间记录并对考勤结果进行综合性分析统计，加强对图书馆内部工作人员的管理，汇总出报表结果。

目前，一卡通在图书馆使用中存在的主要问题是没有实现数据的完全共享、同步，如何实现发卡中心的用户数据库与图书馆管理系统的读者数据库之间数据的实时交互是今后需要重点解决的问题。

（七）网络存包系统

网络存包系统已逐步替代传统的存包柜和电子存包柜。网络存包系统在传统的存包柜基础上，增加了计算机芯片、网络接口以及读卡系统，用电子锁替代了传统的锁具。通过借书证或校园卡中的电子信息，对读者身份进行认证，实现开柜存包、取包功能。通过读者的存取数据可以对各存包柜的使用情况做出各种统计。

第四节　其他信息技术

一、图书防盗系统

图书防盗系统主要用于防止书刊的失窃。它由检测通道、监测仪主机、磁条、充消磁器、磁条检查仪等组成。其工作原理是在书中夹入磁条，在门口放置由两个到多个检测门组成的单通道、双通道甚至多通道。在监测门内安装发射线圈及接受线圈。借阅者由该通道进出阅览室，当内装磁条的书进入通道时，发射线圈与接收线圈之间的常态电磁波形发生变化，这种变化被主机检测到就会发出警报。

为了防止图书借阅期间，磁条被人为破坏，读者还书时，应将书放在磁条检查仪上，由左至右（或由右至左）划过，观察仪器是否报警，若不报警，说明书中磁条未被破坏。读者通过办理手续借到图书后，管理老师用充消磁器"去除"所借图书中复合磁条的磁性，书经过通道时不报警；读者归还图书后，管理老师再用充消磁器来"复原"所还书中复合磁条的磁性，即可将书归架。

磁条根据构成材料可以分为钴基磁条和铁基磁条，根据能否充消磁可分为复合型磁条和永久型磁条。一般来说，图书馆根据图书是否外借而采用不同的磁条，一般开架书库采用复合型磁条，阅览室的书籍因为不出借，所以采用永久型磁条。

二、门禁系统

在日常生活中，许多场所都设有自动门禁系统，它可以让有权限的人通过，拦截没有权限的人员，是一种新型的出入管理体系。

图书馆所使用的门禁系统由自动闸机、管理计算机、通信管理器等组成。人们进入图书馆时需要通过自动闸机，闸机可以自动读卡、验卡和放行，它可以配备不同的读卡器以识别条码卡、IC 卡、射频卡等各类卡。闸机读卡数据的接收、有效性检验以及读者进馆记录的产生、存储和统计查询由门禁管理计算机负责。使管理计算机与图书馆的全自动管理体系相连接，可以通过全自动管理系统下载读者的相关数据，再通过门禁管理机存储统一管理，也可以直接使用图书馆自动化系统的读者数据，并将进馆记录定时发送到后台数据库。管理计算机能对闸机进行各种数据的设置，如时间等数据，闸机与管理计算机的通信由通信管理器负责。

通过自动门禁系统，图书馆可以随时了解读者流量，而且能同时统计出读者的详尽数据，从而为图书馆合理安排资源，并实现科学管理。在安全性方面，通过使用门禁系统，限制了没有有效证件的人的出入，由此减少了安全隐患。

三、电子书阅读器

电子书阅读器是一种可以离线阅读的、手持的专用设备浏览器，即 electronic Reader，简称 eReader。简单来说，电子书阅读器就是具有微型化和专门化阅读功能的设备浏览器。由于台式机有很多不方便的地方，为了能够随时随地阅读，并且实现书签、加注、查阅、游戏等多种功能，人们设计出一种类似掌上电脑的专用设备，即电子阅读器。电子阅读器还可以提供收发邮件、商务助理、听音乐等更多人性化服务。此设备只有几百克重，大约一本书大小，携带便捷，可以通过对其硬件进行加密的方法来实现版权保护。每一种电子图书阅读器都安装有专属的阅读软件和相应的电子图书站点。读者购买浏览器时，便成为电子图书使用者的 VIP，通过采取免费或付费的方式到相应的站点下载图书进行阅读。

电子书阅读器具有携带方便、容量大、内容获取迅速、更新方便、能够检索、带有批注功能等特点，随着技术的不断进步，在克服了兼容性、人们的阅读习惯等问题后，电子书阅读器将会得到广泛的应用。

四、缩微技术

缩微技术也是一种信息存储技术。所谓缩微技术就是将资料或图书利用照相原理通过一种专门的设备缩小到胶片上，当需要用时，再用专门的设备阅读或复印。在图书、情报管理中运用这种技术有很多优势。第一，缩微品占用的空间比较小。对于同一种资料，相对于印刷品来说，以缩微品的形式收藏能够节约上架空间的98%。第二，缩微品保存寿命长，也容易保存（如防虫、防火等）。第三，缩微品性价比较高，同一份文献，缩微品比印刷品节约 1/2 ～ 2/3 的费用。

　　与数字化的存储技术相比，缩微技术有独特的优势。首先，它是一种成熟稳定的技术，标准化程度高，不必考虑兼容性问题。使用数字存储方法作为保存手段，有可能出现今天存储到某种计算机存储介质中的数字内容，几年之后就没有设备能将其无失真地读出来，而且如果可能的话，需要花费很高的费用更新过时的文件格式和介质。其次，通过缩微品保存的文献安全可靠，而且在阅读缩微胶片上记录的内容时不用专门的设备，如果条件比较艰苦，通过一个较高倍率的放大镜就可以实现阅读。即使胶片在一定程度上有损坏，也只是丢失一部分文献，剩下的文献仍然可以正常阅读。不会出现因部分丢失致整体报废的情况。不存在硬盘等载体在储存中的误码率、丢失的文献没有办法阅读、计算机被病毒侵袭而使软件受到影响、计算机系统被网络黑客破坏等问题。缩微技术的最大优势是文献保存寿命长，根据其本身的物理特性来看，缩微胶片是目前文献保存寿命最长的一种文献载体。最后，原件的本来面目可以通过缩微胶片真实可靠地表现出来，具有法律凭证的作用。所以，缩微技术在数字化存储技术飞速发展的今天仍旧在图书馆的信息技术方面占有一席之地，不存在谁代替谁的问题。

第三章 高校图书馆对 RFID 技术的应用

第一节 RFID 技术对高校图书馆的变革与影响

一、服务的提升

作为非接触式的自动识别技术中的一种，RFID 技术利用发射和接收无线射频信号，自动识别单本图书和特定读者，获取相应的馆藏、书目及读者信息，具有同时识别多个标签、读取快捷、非接触式读取及信息存储量大的特点。高校图书馆应用 RFID 技术使图书馆的服务模式向更好的方向转变，从读者被动地接受服务转变为读者主动地、自助式接受服务；馆员将不在借书、还书、找书等工作中花费大量时间，有更多时间来完成个性化信息咨询及学科推送服务，开展读者信息素养培育等更具创造性的活动，让读者在感受到新技术带来的便捷的同时，能享受到更为人性化和智能化的高效率的服务。

（一）自助服务可节省读者时间

流通服务环节是 RFID 技术应用于图书馆的最成功的领域。与以往把防盗磁条作为安防标识 + 条形码标识的流通服务方式不同的是，把 RFID 技术当作中心的自助服务模式有显而易见的技术优势，更加便捷，效率更高。

1.流程简化，操作简单

以前的借还图书过程是很复杂的，图书馆的工作人员需要对读者身份进行检查核实，对借阅权限进行判断，挨个翻开图书，用扫描光源近距离扫描书籍的条形码，检查基本书目信息和图书的充消磁等。而配备触摸式显示屏及语音提示系统的自助借还设备使用方便、快捷，单次就可以实现多本图书的借、还操作。

2. 解放馆员，省力省时

读者可以独立操作图书借还的整个流程，不需要图书馆人员的参与。这个系统可以自动识别、核对读者及图书信息，同步更新、无缝链接到图书馆管理系统中，一次就可以完成对多本图书的充消磁工序。这既节省了读者无效等待的时间，也节省了工作人员重复简单、机械的纯体力操作的时间。相关调查显示，RFID 系统与条形码系统相比，可以节约 85% 的劳动力。在利用 RFID 技术后，深圳图书馆发现借助自助借还设备可以让读者在高峰期的等候时间比使用传统条形码扫描设备时节省 80%。

3. 一机多能，高效方便

自助借还设备中有多个功能模块，可以使读者方便、自由地办理借书、还书、续借、预约、自助付款及书目查询等多种流通业务，让读者在若干柜台前轮番奔波的现象不再发生。

4. 保护隐私，避免矛盾

在以往的流通服务中，读者和馆员之间的言语冲突是一大难题。尤其是在服务高峰期，读者往往会因为等候时间过长而出现烦躁心理，图书馆的工作人员因为工作压力过大也极易情绪失控，从而导致双方在沟通中产生矛盾的情况频繁发生。RFID 技术的自助服务让读者自我服务成为可能，凸显出其主体地位，让读者能自主地参加到图书馆的服务工作中，这样不仅减少了服务的成本，也提高了读者的自我参与度。在这个过程中实现方便自我、满足自我的目标，恰当地展现了"以人为本"的当代服务理念。

5. 主动学习，自我教育

传统的流通服务模式是以馆员为主的，这使读者自我教育意识淡薄，不重视对基本信息素养的培养。而 RFID 自助设备使读者从被动接受变为主动获取，使其自觉检索馆藏资源的能力大大提高，也使读者对图书馆流通业务的操作流程更加熟悉，从而提高了图书的利用率。

（二）服务时间的延长和服务空间的延伸

传统的图书馆开馆时间是有限的，无法实现实体上的 7×24 小时开放，因此只能通过数字图书馆模式满足读者全天候网上信息查询、图书预约及续借、数字化文献检索及阅览的需求。而启用 24 小时自助还书设备和离馆智能图书馆将真正实现图书馆实体上的 7×24 小时不间断开放，随时随地满足读者对图书的借、还需求，有助于建成更加人性化、现代化的图书馆。

24 小时自助还书机与银行的 24 小时自助提款机是很相似的，一般被设置在图书馆外。它方便了读者在图书馆闭馆的情况下还书，是一种可对装有 RFID 标签的图书进行读取、识别及归还处理的自助式设备。如果配有自动分拣系统，它还可对归还的图书自动充磁或按馆藏地分拣。同时，它还有多项配置与可选的功能模块，以满足读者检索、续借、预约及自助付款的一体化需求。RFID 技术、计算机网络技术、自动控制技术等一系列先进技术与图书馆现有自动化管理系统的融合实现了对图书馆服务空间的延伸、服务时间的延长、服务广度的延展及服务深度的延伸。图书是图书馆最基本的实体资源，图书借还服务是图书馆最基本的服务项目。回顾图书馆的历史变迁，我们会发现每一次服务模式的重大改变都与先进技术的引入有不可分割的关系。条形码技术加防盗磁条的使用使开架式借阅和自动化管理由理论变成现实，而 RFID 技术的植入将使图书馆的自助服务模式有质的飞跃，使图书馆更加人性化、数字化和智能化。

（三）书目信息在系统中的精准定位展示

将阅览室的书架划分为多个排架单位（基本区）是书目信息在系统中的精准定位的前提，需要以书架单面的一层为一个基本区，按照空间位置制定的方位走向以及文献分区范围规划以书架的一层为基本排架单位和文献单位。

应用 RFID 系统后，图书馆就能满足读者在图书定位和架位管理、查询图书等多方面的需要。当读者和馆员使用联机公共目录查询系统（OPAC）输入索书号、书名进行文献查询时，RFID 系统不仅可以记录文献的流通状态，还可以给出更精准的文献在馆中的具体位置（某个书架的某一层），这样有效解决了文献定位不准及整架困难等开架阅览方式带来的问题。同时，在楼层中加以分区标识，分区标识既方便工作人员按照区位进行文献上架，也可以指引读者快速找到图书存放架位。工作人员在进行文献上架归架操作时以及读者查找文献时，都以书架之间的巷道为行走路径，系统可以将书架间的巷道作为编码参考实体，更利于进行路径指引和导航。

（四）书刊架位信息的智能判断读取

为了使馆藏文献被充分利用，并提高为读者服务的工作效率，高校图书馆实行开架借阅管理。开架借阅实现了馆藏资源的充分开发和利用，但同时使错架、乱架现象更为严重，增加了阅览室管理人员的上架、理架的工作量。另外，图书上架的质量将会影响到读者是否能在查询有书的情况下找到所需图书。假如图书上架过程出错，读者找书会有困难。图书上架的效率也直接影响已上架图书的更新率，进而间接影响读者的借阅行为。RFID 技术可以引导阅览室管理人员用最便捷的方式做好图书上架工作。RFID 阅读器可以读取图书标签中的信息，根据获取的图书存储架位信息，管理人员可以准确确定图书在书架的具体位置。例如，对于尚无架位信息的新书，管理人员可以通过分类号判断应该上架的架位；对于预约图书，管理人员可将其上预约书架。

（五）实现资料随手可得

1.图书实时精准定位

把 RFID 标签作为流通管理的介质，利用文献定位和便携式的扫描、统计设备改变传统图书馆工作中依靠人力搜索所需图书及资料的工作方式；在新书上架、馆藏地点的改变、图书架位的改变、图书剔除和图书清点等工作中实现精准、实时、高效的定位。

2.三维导航

图书馆馆员遇到的最多的问题可能就是"××索书号的书具体在哪个架位上"。如果管理员逐个为提问的读者查找所需图书，将会花费大量的工作时间。读者即使在非常熟悉图书馆布局的情况下，找到书也需要花费很多时间。应用 RFID 的三维导航功能可以很好地解决此类问题，它可以根据阅览室内图书架位体系结构及分布，在书架各分区、各巷道内设置分区指引、编码指引及导向，指引读者查找架位。同时，利用 RFID 系统把图书馆的每一个书架进行编码，再与架上放置的图书进行关联，便可迅速准确地定位图书，帮助读者尤其是初次到馆的读者快速定位并获得所需文献。

读者通过图书馆检索系统中的嵌入链接可快速得到自己所需图书在图书馆阅览室中的精确位置（可用图片精确表示）。三维导航通过三维定位技术，准确定位图书所在的楼层、区域、架位、层位以及该书在这一层的前、中、后区域，这就节约了读者找书的时间，实现了读者自助式查找图书及文献。

3.智能查询

读者总是希望可以快速找到自己需要的资料，但真实场景是图书馆馆员为了寻找某本图书或文献而着急、忙碌，尤其是在寻找系统显示状态为"在架上"而实际不在相应架位的图书时。

RFID 图书管理系统给每一本图书安装了一个含有微小芯片和天线的电子标签，以此可以准确地获知这本书的行踪。它靠记录这本图书的旅途精确定位这本书所经过的每一个地点。图书经过不同的阅览室或检查点时都会被记录在案。使用 RFID 的智能寻书仪时，馆员只需要输入索书号便可知道该图书目前所在的位置和存放地点，确认图书的取出或存入状态。这为读者提供了很大的方便，同时减少了馆员的工作量。

（六）为"智慧图书馆"服务奠定技术基础

随着科技的发展，智慧城市、智慧校园的建设成为未来的发展方向，图书馆服务将更加智能化、人性化、数字个性化，与之相适应的"智慧型图书馆"建设成为关注热点。RFID 技术能成为构建"智慧型图书馆"的基石，得益于其巨大的应用潜力与高科技含量。

1. 智能化

图书馆的智能化服务应当拥有包括自动识别、超介质、目标定位等在内的一系列技术，RFID 技术的应用为实现智能化服务创造了新的条件，这些技术间的相互协同作用是建立图书馆智能化服务系统不可或缺的基础。采用 RFID 技术，不但取代条形码，而且以创建全新的服务理念和业务模式为目标，在内容与形式上提高服务质量和文献管理水平，赋予图书馆的内涵以智能化的意义。文献定位导航、精确典藏、自助借还、快速盘点、智能查询、简化文献加工流程等多个功能可以通过 RFID 系统在图书馆智能化方面实现。

2. 人性化

RFID 技术的应用在提高图书管理效率的同时，能为图书馆资源流通带来更人性化的服务模式。RFID 结合计算机、自动控制技术以及触摸屏技术可实现图书的自助借还。读者通过显示屏即可办理借阅手续，不需要经过管理员操作，这样就减少了因工作误差产生的矛盾，从而实现更人性化的交互式服务。实体上的 7×24 小时开放解决了传统图书馆受到开馆时间制约的问题，自助借还书设备与移动书亭使读者可以随时完成图书的借还操作。各种先进技术（如RFID 技术、计算机网络技术、自动控制技术等）与图书馆现有自动化管理系统的结合将大幅提升图书馆的工作效率和人性化服务水平。

3. 数字个性化

基于 RFID 技术的图书馆管理系统是一种集多种高科技于一身的新时代产物，它使读者在开放的环境下直接面对信息资源，并且主观、能动地处理信息。这种新型的图书馆管理系统既提高了文献信息资源的利用率，又满足了读者多样性、个性化的需求，体现了"读者第一，服务至上"的服务宗旨。读者根据个人的兴趣、需求、爱好、研究重点和时间安排，灵活、能动地完成书目查询、藏书借阅、文献复印以及各种数据库资源的使用、下载等活动。

二、管理的变革

（一）采编数据模型的标准化

1. 图书馆代码标准化

遵照 ISO 15511 标准要求设计的馆藏代码方案，"标签存储区型馆代码方案"由 4 个代码部分和分隔符总计 16 位组成，包括国别代码（ISO 3166-1）、中华人民共和国行政区划代码（GB/T 2260-2007）、图书馆分类代码以及馆自定字母 / 数字代码。

2. 馆藏号码系列

一般采用原馆藏条形码体系，以上海交通大学图书馆为例：中文图书（C3×××××××）、西文期刊（E1××××××）、日文图书（J×××××××）、中文期刊（CJ×××××××）、西文期刊（FJ××××××××）。

3. 书目信息

直接使用 MARC 数据，或选取重要字段。

4. 典藏数据

沿用目前的典藏代码和典藏地，在此基础上细化到书架号。

（二）图书流通的智能化

图书流通管理是图书馆最基础的管理业务，主要包括归还图书的充磁、典藏，预约图书的管理，流通图书的安全管理和破损图书的管理等工作，长期以来一直采用传统的手工工作方式。迅速激增的图书、读者总量与借、阅合一的开放式服务模式大大激化了流通服务与管理之间的矛盾。而 RFID 技术的应用将给图书流通管理领域带来新的机遇和挑战，使流通图书的精确管理成为可能。

1. 归还图书按馆藏地自动分拣识别技术

归还图书的典藏及充磁工作相当繁重、枯燥，一直是制约流通借阅量发展的瓶颈，特别是在流通借、还服务的高峰期，即使投入相当多的人力资源，也无法有效地保证精确典藏和图书安全。但应用含有 RFID 技术的自动分拣装置却有可能解决这一流通管理中的老大难问题。

自动分拣装置是一种一次可对单本粘贴有 RFID 标签的图书进行自动识别

并按照馆员自定义的规则进行自动分拣的设备，由控制装置、分类装置、输送装置、分拣道口等部分组成，并且可以在分拣过程中同步实现自动充磁及自动识别图书的功能。RFID 标签上存有馆藏地点和图书分类号等书目信息，它对被读取的标签没有位置、方向上的严格要求，馆员只需要将归还的图书放在传送带上，分拣装置就可以根据 RFID 标签中的预存信息，将图书按照馆员自定义的要求分门别类地自动分离出来，并准确地传送到相应的容器中，以方便馆员的上架工作。馆员还可以根据工作的需要随机定义分拣规则，实施图书的二次、三次乃至多次分拣。整个流程完全由设备自动控制和运行，大大简化了图书分拣的工作步骤，提高了工作效率，节省了大量的人力和物力，同时避免了人为因素导致的分拣错误及漏充磁现象的发生，使图书精确典藏成为可能。

2. 智能预约图书管理技术

预约图书的管理一直是提升流通服务质量的障碍，因为单纯采用条形码＋安全磁条技术的流通管理系统无法实现预约图书实体物流与预约信息的同步和实时更新，这不利于实现真正意义上的精确管理。馆员每天需要投入大量的时间和精力，在各分馆之间寻找那些系统已自动更换了预约信息，而图书实体依旧被保存在原有分馆预约架上的预约图书。这也是影响读者对图书馆流通服务满意度的主要因素之一。RFID 智能预约管理设备的研发将尝试解决这一流通管理上的难题。

当馆员将自动分拣系统分离出来的预约图书放置在智能预约管理设备上时，该设备即协同图书馆自动化管理系统一起自动识别并激活预约图书的当前预约者信息，自动发送信息告知该读者。当读者刷卡读取信息时，智能预约图书管理设备能够一丝不差地找到符合其预约请求的图书，在确定证件有效后，按照正确流程为其办理借阅手续，并同步消磁，将图书推送给该读者。如果有读者临时取消已被满足的预约请求，或者已被满足的预约请求由于超时而失效时，系统也会自动提醒馆员，及时将那些已经更改了取书地的预约图书送到相应的分馆。这样，馆员无须每天人工查找预约图书，并手工发送预约通知，既能减少馆员无效劳动的时间，也可以使读者精确掌握每本预约图书的准确位置，以方便读者借阅，提升读者的满意度。

3. 破损图书的自动识别技术

破损图书的识别是人工借还图书的一大优势，馆员在柜台办理借还图书时，会凭借肉眼观察每本图书是否存有破损、缺页的现象，并且对破损图书加以修复，对实施损坏行为的读者进行说服教育。鉴于目前的自助借还设备均不具备识别破损图书的功能，我们迫切希望能研发破损图书的自动识别技术。它将利用 RFID 标签信息存储量大的优势，将单本图书的相关物理信息，如页码、开本等，写入标签中，使设备在还书的同时，利用红外线扫描等高新技术对图书自动地进行外观检测并核对相关信息，判别图书是否有缺页、散页及人为污损等现象。这样可以更好地保证图书安全、高效地流通。

4. 安全门禁功能

相对于安全磁条而言，使用 RFID 标签可以有效地避免充、消磁不完整引起的误报、漏报现象。安全门禁系统可对粘贴有 RFID 标签的图书进行扫描，安全识别标签中的防盗码，快速判别图书是否已经办理了相关手续。该系统还配有 CCTV 闭路电视监控系统和音频、光电双重报警显示，用于流通部门安全控制图书资料，以达到防盗和监控的目的。美国佐治亚州的 Twin Lakes 图书馆已经成功安装了 RFID 智能图书馆系统。根据其负责人介绍，他把现在的图书丢失率跟之前进行比较发现，配置有检测 RFID 的安全系统能够检测到的被盗图书是以前的三倍，在 100 本丢失的图书中，有 99 本都能被 RFID 技术检测到。

但是 RFID 技术也存在着致命的弱点。RFID 标签的读取受金属的影响比较大。相关试验显示，在借阅图书的过程中，当多层厚实的包裹物阻隔电子标签，外力挤压电子标签，或电子标签被包括锡箔纸在内的金属物质阻挡，甚至借助利器切断天线线圈，RFID 标签都会丧失信号，无法被读取和识别。因此，为了确保图书的安全，所有的自助设备及安全门禁系统都将采用安全磁条加 RFID 标签双重防盗的系统，以最大限度地确保流通图书的安全管理。

（三）阅览室管理的科学化

1. 理架有的放矢

眼下，开架借阅在大多数图书馆都得以实现，给读者带来了很多方便，但也容易发生乱架、错架的情况。馆员需要消耗很多时间和精力把乱架、错架的图书归位。这需要馆员用眼睛反复搜索书架上的图书，碰到页数比较少的图书，还需要拿出来查看索书号。RFID 技术借助无线波感应以及手持设备便携式理架器的配合，可以发现书的确切位置，让查找文献以及顺架、理架的过程变得更轻松。采用 RFID 系统进行理架时，馆员只需要用手拿着阅读器在书架上进行图书数据的读取，之后，系统会自动发出提示音指明图书排错，并在显示屏上告知该图书应放置的架位，这样会大大提高馆员整架、理架的工作效率。

2.盘点准确

条形码阅读器在扫描条形码时必须在一定距离内且没有遮挡物的情况下才能读入数据，所以在获取图书信息时需要将每一本图书都拿出来依次扫描。对于那些存书量多的图书馆而言，确切统计馆藏是很难的。RFID自身拥有的推车式图书盘点系统可以完美解决困扰图书馆很久的图书盘点问题。在进行盘点统计时，馆员只需要手持RFID阅读器在书架附近横向移动即可得到所需信息，这大大节约了人力、物力。RFID阅读器通过无线网络将相关盘点记录传回数据库中，以建立相关报表，如在架清单、错架清单、未在架清单、遗失图书清单等。该阅读器可以将图书馆所有借出的书的信息传到系统中，和相关数据比较，并且馆员可以设置多台设备同时进行盘点。与此同时，系统能根据遗失图书清单更改单册状态，如果在以后的盘点中发现丢失的图书的相关资料，系统便可以自动更改状态。在操作界面上，不同颜色分别表示不同状态的图书信息。例如，红色背景项的为盘点过程中读取到的错架图书信息，墨绿色背景项的为外借图书信息，灰色背景项的为该层标下应有的但未读取到的图书信息。这使用户对该架标下图书的具体信息一目了然，也为图书馆工作人员的盘点工作提供了便利。采用RFID技术进行图书盘点，不仅简化了图书盘点工作，还便于馆员准确掌握馆藏资源，为学科服务，为读者和采编提供准确信息，也为调研图书流通率、文献遗失率和馆藏分布等相关课题提供了大量客观、精准的第一手资料。

3.剔旧精准

图书信息资料是图书馆的物质基础，每个图书馆都在想方设法建设一个既有较高质量又有相当数量的藏书体系。图书剔旧工作是藏书建设过程中一个相当重要的环节，是优化藏书结构、增强藏书活力的重要措施之一。馆员可以利用RFID系统中图书的详细信息，如年份、使用频率等，得到详细的剔旧图书清单。在盘点时，遇到清单上的图书时，系统便进行提示，让馆员进行剔除。与此同时，系统会进行图书信息的更改，这有助于提高剔旧效率，确保剔旧的精准。

（四）便捷的统计功能

图书馆各种基础的统计数据能为图书馆管理模式的改进提供有效的支持。日常工作中由于管理对象——图书及读者的总量及流量都比较大，统计数据的精确获取有很大难度。使用RFID技术之后，每一台自助设备和安全门禁都配有流量计数及各种统计日志，同时精准的盘点和智能书架的使用也能够提供一系列统计数据，这将使图书馆的业务统计工作变得相对便利、准确。

图书借阅历史的统计可以帮助我们确定热门图书的种类，图书流通时系统会自动修改 RFID 标签中的借阅状态标识，从而能方便地获得某种图书以前的借阅记录，能够对数据进行有效处理以明确热门图书的种类，为采编部门进行图书采购提供第一手资料。

RFID 智能预约图书管理设备的启用提供了预约图书的种类和预约次数的数据，采编部门可以依据某一时段高预约请求率的图书的种类，在采购时增加复本量以满足读者的需求。

RFID 智能盘点装置的使用能方便地获取图书的流通和阅览率的数据，从而帮助人们在调整馆藏时制定出更为科学和合理的图书剔旧措施。

利用 RFID 系统后台数据库，在完成流通总量统计的同时可以得出图书借阅的各种相关信息，这样可以提供给我们最新的数据。而且系统也可以按照读者的类型进行划分，分析借阅情况，了解读者阅读的偏好和倾向，再将各种统计信息进行组合、分析，这样有助于更好地开展个性化导读活动及学科书目推送服务。

图书的阅览统计数据在传统的图书管理方式中很难得到，大部分图书馆只是对外文图书的阅览量进行人工统计。以学科为背景的阅览部相对于其他部门而言对图书利用率是最敏感的，因为一系列的学科专题推送服务、VIP 用户个性化推荐服务及学科博客都需要根据图书利用率的统计报表进行分析和研读。该功能可以通过以下两种 RFID 应用实现。

（1）RFID 智能书架。书车架上拥有轮询读取机制的 RFID 阅读器可精确检测到读者的每一次取书操作，系统可以将每本图书的阅览信息存放在后台数据库中，准确排除正在进行借阅的图书记录，这样便能获取图书的阅览信息。

（2）智能统计书车。学生只需要将阅读完毕的图书放置在阅览桌上，能够定时围绕阅览室内每张书桌的书车通过车上装载的 RFID 阅读器就可以读取到书桌上放置的图书的具体信息，从而获得图书取阅率。通过对图书取阅率的分析，我们可以获得热门、冷门图书的统计数据，并以更人性化的服务将热门图书按照更合理的排架规则排列，这有助于使读者获得更好的读书体验。图书馆管理人员也可以建议采编部重点增加热门图书的库存量，升级其版本，采购图书作者的其他相关著作，或者对该种图书实行特殊的流通、阅览政策，以提高其满足率。

利用 RFID 可以方便地获取自助复印信息统计。只要将自助复印机与 RFID 信息读取装置结合，在 RFID 标签内写入每本图书的载体信息，就能实现对复印、扫描资料页数的控制。这有助于达到在图书馆公共场所实行版权保护的目的，也有助于统计读者对技术加工方面的需求信息。

三、高校图书馆（业务）转型

图书馆的服务方式、服务手段随着 RFID 技术的运用开始向多元化、现代化发展，该技术的运用有效地推动了图书馆事业的发展。图书馆在服务技术的多元化、科技化冲击下，必须适应新形势下的发展和需要，只有快速地转变观念、更新知识，加速对 RFID 智能管理模式的适应，才能使图书馆事业不断进步。我们从以下几个部门来说明图书馆业务的转型。

（一）读者服务相关部门

1. 流通部的业务将由简单的重复劳动转型为设备使用方法培训以及读者信息素养教育

一直以来，不同部门是按照资料流动顺序的物质流、工序流而设立的，造成了部门之间交流和服务空间的封闭，产生了很大的弊端。很多研究人员肯定了重组图书馆业务流程的重要性，但是由于具体操作十分困难，他们提出的流程重组较难实现。

传统图书馆中最主要的工作会因为 RFID 技术的引进而弱化，因为 FRID 技术使读者可以自助借还图书，使图书流通环节自动化。由于柜台式借阅消失，馆员和读者之间的沟通机会减少，但是要想为读者提供更好的服务，流通部的业务在原有的基础上要做出调整，增设专门针对 RFID 应用的服务势在必行。此外，流通的弱化为图书馆节省了大量的人力资源，流通部的业务由于 RFID 的应用从简单的借书、还书等转型到资源导读、宣传等服务上去。怎样合理调配人力资源直接关系到图书馆的业务流程重组问题。

应用 RFID 以后，流通部的业务会缩减，其工作人员可以向读者信息素养教育方面转型。信息素养是指个人从庞大且复杂的信息资源中进行识别、获取、评价和有效利用等的能力，或者利用各种各样的信息工具或检索方法的能力。信息素养教育也是图书馆学科服务中的一项重要内容。只有先人一步掌握了快速获取有效信息的方法，才能在当今信息大爆炸的时代把握先机，从而决胜未来。

应用 RFID 以后，原流通部的工作人员还可以向图书馆的馆际互借工作方面发展。文献传递与馆际互借在高校图书馆的业务中呈上升趋势，是目前高校图书馆需要加强的部门。流通部人员可以充实到该部门，广泛推广和宣传此项服务，为资源共享做好最基础的工作。

应用 RFID 以后，流通部还可以利用自己直接接触读者多的有利条件，在图书馆文献资源导读、导引方面多做工作，积极推荐图书馆的文献资源，提高资源的利用率。

2. 阅览室的工作更加精准，工作效率提高，管理员可以为读者提供更高层次的个性化服务

为了实现自动化整序排架、自助清查馆藏、智能化图书车等一系列自动化的管理功能，RFID 系统合并了馆藏架位管理系统。同时，RFID 的实施使书目信息得以在系统中精准定位显示，书刊架位信息可以被智能判断读取，文献馆藏的精确定位、三维导航、智能查找等得以实现，阅览室的工作质量和工作效率将会发生质的飞跃。

传统意义上的阅览室管理模式逐渐弱化，阅览室的业务从以往的图书、期刊上架、理架等基础工作转型到组织一批骨干力量充实到个性化服务中去。对于高校图书馆而言，骨干力量可以被充实到学科服务以及咨询队伍中去，从而投入读者培训、创新支持等服务中，尤其是现有的阅览部的工作人员中的有专业背景的馆员可以对其所学的专业知识进行深度学习和精细研究，也可以开展相应的主题服务以满足高层次读者的需求。

（二）技术服务相关部门

1. 采编部工作程序和工作量增加，但其工作的准确性和效率提高

为了让采编馆员更有针对性且准确、完整地在网上选购图书，我们通过网络将含有著录内容的 RFID 标签传递给他们，并将这些标签植入图书资料中。小型图书馆的技术人员不足一直是一个难题，这样做便可以完美解决该难题，还可以使信息的准确性、统一性以及标准化得到保证，并减少大型和中型图书馆的工作量。除此之外，这种做法可以使图书分编、著录的内容达到统一，使本地区以及跨地区的馆藏资料的分工合作以及共建共享更便利。被读取的标签对于 RFID 阅读器来说没有位置与方向上的严格要求，还可以记录一些信息，如馆藏地点等。只要工作人员把图书置于传送带上，自动分类设备就可以根据电子标签里面的相关信息，把不同地点和位置的图书按照要求分门别类地自动

分离出来，然后传送到特定的位置供工作人员进行上架，这在很大程度上使图书分编的业务工作简化了，使工作效率得到提高，节省了很多时间及人力。

RFID 被实施后，重任落在了采编部头上，采编部工作人员的工作比之前的更多了。他们需要对图书进行管理，而且需要对新进入图书馆的图书进行管理，包括给它们贴标签、将其录入 RFID 图书管理系统等。在完全使用 RFID 系统的图书馆，采编部还要对期刊做同样的工作。所以图书馆使用 RFID 系统以后，由于图书加工流程的改变以及新书的加工量增大，对采编部人员需求将会相应增加。

2.系统部在图书馆的地位更加重要，逐步彰显了"技术支持服务"的理念

RFID 系统被应用之后会与之前应用的管理软件产生对接问题，工作人员不仅要在读者使用新系统时对其进行指导，还要根据本馆的实际情况及时研发新系统。系统部的工作与其他部门的工作有紧密联系，随着图书馆自动化程度的提升，系统部的工作量也在不断增加。RFID 技术的应用使系统部更加重要，系统部不仅要负责图书馆所有计算机的软硬件维护以及网络的应用和优化，还要保证 RFID 硬件设施、RFID 管理系统的正常运行，故在实施 RFID 的同时需充实系统部的工作人员。

3.技术加工部可以将电子资料加装 RFID，方便流通及借阅统计

技术加工部负责电子阅览室和视听、缩微资料室以及声像资料室的数据库的自建、维护与更新。工作中可以将电子资料加装 RFID，从而方便流通。

第二节　RFID 技术在高校图书馆中的应用

一、图书馆对 RFID 技术的需求

RFID 技术的指标涵盖了很多方面，以下三个指标是被应用最广、最受关注的。

（一）数据传输速度

数据传输速度是 RFID 系统中的关键技术指标。先进技术的价值在于可以提供更快的速度。读速和写速是 RFID 系统中的两种数据传输速度，当然这两种传输速度都要受到代码长度、标签数据发送速度、读写距离、标签与天线间

载波频率、数据传输的调制技术等因素的影响。

（二）读写距离

RFID 的系统运用对于读写距离一般都有一定的要求。阅读器与现有标签之间的读写距离是几毫米至几百米不等，现有标签的性能主要与天线和频率的选择有关。标签的价格越高则说明读写距离越远。

（三）多个标签识别

多标签识别能力成为重要必备性能，因为在实际应用中，识别区域一定会同时出现许多识别对象。

综合以上三个技术标准，我们可以提炼出以下三种技术需求。

1. 识别能力

识读距离、状态以及信息质量等方面可以体现识别能力。RFID 的识别距离的范围是数厘米至数千米。读取的信息质量在不同的状态以及距离下会有明显的不同，所以 RFID 的一个关键技术指标是识别能力，也正是这一指标让 RFID 比传统的条形码具有更明显的优势。

2. 识别环境

由于外借的图书所处的环境具有不确定性，图书可能会受到潮湿、腐蚀等各种外界影响，所以对于识别环境的要求也是 RFID 的一个技术指标。RFID 标签内部芯片和天线通常隐蔽在塑料等介质中，受外界环境的影响很小，适应能力较强，但是由于 RFID 采用无线进行数据传输，所以数据在传输过程中还是会受到其他无线信号和金属等的影响。尽管如此，与传统的条形码相比，RFID 还是具有明显优势。

3. 识别效率

在实际的使用过程中，效率是一个不可回避的问题。RFID 是采用自助的服务方式对目标进行读取，整个识别过程不需要人工干预，且同一时间可以对多个目标进行读取，所以相对于需要人工干预的条形码技术来说，RFID 的识别效率要高得多。

二、高校图书馆的特殊性及其特有需求

高校图书馆相对于公共图书馆而言具有对象群体稳定的特点，其对象一般不是学生就是教师，属于学习型和研究型读者；公共图书馆的服务对象就比较复杂，各年龄段、各个阶层、各个行业、各种学历的都有，即大众性、综合性

读者。在工作的侧重点上两者也存在区别，高校图书馆扮演的是学生的第二课堂、教师的参考书房的角色，为学术研究和知识传播提供服务；公共图书馆则是以普及科学知识、提高人民素质为侧重点。基于以上区别，高校图书馆对RFID 的需求也存在特殊之处。

（一）智能预约图书管理功能

大量同专业的学生和教师对几种特定的热门图书的需求相对比较集中，这样就导致现有复本在某一时间段无法满足众多读者的需要。预约系统正是为了保证这些图书能够得到充分利用而设立的。

1.定义

在预约架上，每个单元格均铺设了 RFID 读写器与指示灯，RFID 系统与图书管理系统相连可以得知预约者信息。当预约架上有满足读者预约请求的图书时，读者刷卡读取信息后，智能预约图书管理系统就能使该图书所在单元格的灯亮起使读者找到想要的书。系统在扫描证件并确定其有效后，便会为读者办理相关手续，读者即可借到图书。

2.主要功能

（1）读者持证借书时需要输入密码验证身份。

（2）具有通过索书号、题名、作者等多途径检索图书的功能。

（3）具有向读者自动发送预约信息及短信的功能。

（4）具有触摸感应和手写输入汉字功能。

（5）预约图书动态实时跟踪，一旦有读者预约的图书到期或读者取消预约的情况，系统能显示动态信息，提醒馆员及时处理。

（6）智能预约图书管理系统能在读取读者信息后，准确显示该馆预约图书的确切位置（包括异馆）。

（7）借书成功后，可以打印借书凭条或发送电子邮件。

（二）数据挖掘服务需求

由于高校图书馆服务对象的性质稳定，所以借阅行为等数据挖掘就可以为改善服务、提升管理、资源合理配置提供依据。

1.学科资源（纸本）利用情况统计

RFID 系统可以生成相应的统计报表，由系统定期推送，相关负责人员也可采用 B/S 形式访问浏览。统计的内容包含以下两个方面。

（1）图书阅览信息统计。图书馆相关负责人员会查看结果，当某本书的利用率比较高时，便会增加它的数量或者这本书的作者的其他作品。这样可以很好地满足读者的需求。

（2）图书流通信息统计。利用 RFID 系统的后台数据库可记录多种图书文献借阅数据，生成各种不同的自定义统计报表，为图书文献的利用率统计提供第一手信息。RFID 系统还可以按读者的不同类型进行划分和统计。

2. 图书架位地址自动化更新

目前，各个图书馆经常针对某一学科、某位读者、某个团队推出不同的主题书展，起到从不同角度揭示馆藏的目的。而大部分的自动化管理系统都存在馆藏地址不能随意变更的问题，这给读者及工作人员造成很大的不便。我们希望 RFID 系统能够实现图书架位地址更新的自动化，这样既能避免工作人员备份展览书目的麻烦，也不会给读者造成不必要的困扰。但实现该功能的前提是实现文献的定位导航。

图书架位地址自动更新的实现步骤设想如下。

（1）打开 RFID 管理系统的一个软件模块，输入登录信息。

（2）使用读写器获取从各个书架抽取的需要展览的图书的信息。

（3）操作该软件模块变更馆藏信息，且操作过程不易繁杂，一到两次鼠标点击或者回车即可。

（4）当被展示图书被读者借走后，系统及时提醒馆员补充展示图书至展示架上。

（5）退出登录，关闭程序。

（三）自助罚款

目前，大部分学校都实行了一卡通系统，这就使自助罚款的实现成为可能。自助罚款可以提高缴纳罚款的效率，减少人员的投入，并能有效地减少人工操作失误造成的差错。

三、RFID 在图书馆中的应用

自动分拣、安全防盗、图书查找与定位、图书上架、架位注册、自助借还、图书盘点理架、图书剔旧、标签转换等方面体现了 RFID 在图书馆的应用。

（一）自助服务

图书馆服务的主要表现形式是借、还书，借、还书服务质量的提升可以提升读者的使用体验，而且对图书馆服务质量的提升起到重要的作用。在我们的生活中，自助服务无处不在，大到自动提款机，小到饮料自动售卖机，为我们的生活提供了便利。自助借、还书同样能给读者提供便利，并能有效地延长服务时间，减少人工造成的误操作等意外的发生。

自助借还设备主要被安放在图书馆内，这有助于延长图书的借、还书服务时间并减少读者排队等候的时间，自助借还设备不受人工流通台开放时间的限制。读者能够通过该设备自助进行图书的借、还操作。当发生自助设备不能处理的情况时，系统应指引读者到人工流通台咨询并解决问题。

自助借还系统应具备以下几个功能。

（1）读者持证借书时，需要输入密码验证身份。

（2）具备物理键盘/软键盘任选其一的密码输入功能，支持英文字母、数字、常用符号等输入方式。

（3）支持多种证件的读取，如校园一卡通、条码读者卡等。

（4）具备判断读者是否有借阅资格的功能，并显示提示信息。

（5）通过指定类型的接口与后台图书管理系统同步更新，无缝衔接。

（6）屏幕显示简洁，只显示必要的信息，如书名、读者姓名、图书借期等。

（7）采用英、汉双语界面，触摸屏感应方式。

（8）有多种设备外观可供选择，便于融入不同图书馆的整体风格。

（9）借书界面采用限时操作模式，过时自动退出，增强个人借还操作的安全性。

（10）兼具借书、还书两大模块，并可以同步进行多本图书的充、消磁。

（11）设备对标签的读写响应时间短，读写准确率高。

（12）可设定一次性借、还册数限制。

（13）能自动识别无 RFID 标签图书、非本馆图书，并显示提示信息。

（14）以不同颜色显示非正常状态的图书，以提醒读者注意。

（15）当出现非正常借、还操作时，系统有提示信息。

（16）具有防止一书登录多书借出的功能，具备防抽换功能。

（17）允许读者使用自助付款功能缴纳逾期罚款。

（18）借、还书成功后，可以打印借书、还书凭条或发送电子邮件。

（19）自动识别外借、归还图书有无人为污损、人为涂写、页码丢失等现象。

（20）为确保系统借、还图书数量与实际数量相一致，每次借还前，系统应对 RFID 标签及磁条做匹配测试；借、还成功后，自动对图书进行充、消磁操作。

（21）系统发生故障时，自动发送电子邮件或短信提醒管理员。

（22）具备储存转发功能。当图书馆管理系统处于停机或离线状态时，自助借还系统可以正常工作；当图书馆管理系统恢复正常工作之后，其能够自动连接流通系统服务器，恢复自助服务，并更新数据。

（23）对标签读写范围进行控制，以防止误读。

（二）自动分拣

自动分拣装置是与自助还书设备配合使用的自动化设备。该设备大大提升了图书分拣的效率，可以说没有与自动分拣装置衔接的自助还书设备并不能充分体现 RFID 技术的优势。

自动分拣装置是一种协助馆员对单本粘贴有 RFID 标签的图书进行收集、归类、整理并按类别进行分拣的设备，可减轻馆员的工作量。该系统应具备以下功能。

（1）按照预先设定的馆址及馆藏地信息，自动分拣图书。

（2）使用多种自定义分拣规则，支持多级分拣。

（3）传送带两旁可放还书箱，传送带的长度可自由增加，从而增加分拣的类别。

（4）识别图书是否已充磁，并对未充磁的图书进行充磁。

（5）识别图书有无 RFID 标签。

（6）识别非正常 RFID 出借状态的图书。

（7）识别预约图书及有其他特殊用途的图书。

（8）识别图书有无人为污损、人为涂写、页码丢失等现象。

（9）箱满报警，实时监控，远程故障诊断等智能监控功能。

（三）图书的查找与定位

读者咨询阅览室馆员最多的问题便是："索书号 ×××× 的书具体在哪？"当读者较多时，馆员如逐个帮助读者查找，将会耗费大量的精力和时间。而图书查找与定位功能的启用，则可把馆员从这一日常业务中解放出来。当读者用图书检索系统检索到所需图书后，可以通过嵌入链接查到图书在阅览室的精确位置（可用图片精确表示）。

图书馆的大部分图书可以通过公共查询系统检索到。当馆藏状态显示为"在架"时，读者可以通过检索系统查看图书的典藏信息。但是，读者由于不熟悉馆藏分布往往很难找到该书。RFID系统通过层标关联的方式快速地确定图书所在的位置，使用系统软件导航地图，能够直观显示图书所在的实际位置，可将位置嵌入检索系统中，使读者能尽快找到需借阅的图书。

智能查询终端：馆员或读者可将需查找的图书信息输入查询终端，然后通过内置的导航系统快速查找图书。可将软件安装到已有检索系统的查询机与阅览室读者用机上。

（四）图书上架、架位注册

由RFID盘点推车完成图书的架位注册与上架等工作，上架的过程就是把图书定位到书架的某一层，与相应的层标相关联，从而确定位置信息。该系统应具备以下功能。

（1）使用无线网络或蓝牙方式进行通信。

（2）采用英、汉双语界面，触摸感应方式。

（3）使用较大字号，将索书号、书名等关键字段用不同颜色标记。

（4）自动识别无RFID标签图书、非本馆图书，并显示提示信息。

（5）以不同颜色显示非正常状态的图书，以提醒馆员注意。

（6）对读写器读写范围进行控制，以防止误读到书架背面的图书。

（7）图书多级检索，满足工作人员进行快速检索的需要。

（8）快速分拣图书，书架位置图形化，具有上架引导、到达正确位置自动提示的智能导航功能。

（9）语音提示，上架成功后进行提示，无须仔细查看屏幕，使上架过程更快速。

（10）上架成功后提供OPAC系统的查询结果。

（11）实时反映层标信息更新的情况。

（12）RFID读写器天线在未进行读写操作时，处于关闭或待机状态，由盘点系统软件动态激活启动工作。

（五）图书盘点理架

手持式RFID盘点装置是一种集RFID标签扫描、统计于一体的设备。扫描书架上图书资料上粘贴的RFID标签，帮助查找、盘点理架和统计特定的图书资料。手持式RFID盘点装置在图书馆工作人员寻找丢失的资料和图书盘点中发挥着重要作用。

采用该设备进行理架时，馆员只需手持阅读器在书架上读取图书数据，系统便能自动提示排错的图书应该放置的架位，这样会大大提高馆员整架、理架的工作效率。手持阅读器直接闪烁提示该层有图书错架的情况，而馆员不需要查看显示屏。使用手持式 RFID 盘点装置应考虑到以下几点。

（1）提高手持盘点设备的准确率。

（2）设备使用无线网络或蓝牙方式进行通信。

（3）采用英、汉双语界面，触摸感应方式。

（4）使用较大字号，将索书号、书名等关键字段用不同颜色标记。

（5）能自动识别无 RFID 标签图书、非本馆图书，并显示提示信息。

（6）以不同颜色显示非正常状态的图书，以提醒馆员注意。

（7）对读写器读写范围进行控制，防止误读到书架背面的图书。

（8）具有图书检索功能，可进行多级检索，满足工作人员进行快速检索的需要。

（9）支持图书架位查询、图书定位和智能路径提示。

（10）有语音提示功能，发现错架、不在架情况时自动提示，无须仔细查看屏幕，使盘点、理架过程更快速。

（11）具有顺架、盘点、倒架功能，发现错架图书能自动定位及提示。

（12）图书盘点的检全率与检准率不低于人工水平。

（13）设计时，应考虑清点高架位图书的方便性，无须将大批图书下架。

（14）RFID 读写器天线在未进行读写操作时处于关闭状态，由盘点系统软件动态激活启动工作。

（15）盘点时，生成在架图书列表；盘点后，生成遗失图书列表，单册状态会被系统依据遗失列表自动更改。如果遗失列表中的图书资料在以后的盘点过程中被找到，系统可自动更改单册状态。根据遗失列表，系统可在盘点时发现遗失图书并自动报警提示，从而将遗失图书归档。

（16）盘点记录可传回数据库中，建立相关报表，如错架清单、未在架清单等，便于馆员准确掌握馆藏资源，为学科服务、读者采编提供准确信息。

（六）图书剔旧

利用 RFID 系统中图书的详细统计信息，如年份、借阅频率等，通过预先设定（或随时设定）生成详细的剔旧图书清单，并给予提示，以便于馆员参考系统给出的清单进行剔旧。

（七）安全防盗功能

为了实现防盗和监控的目的，流通部门设置的安全门禁系统可以对粘贴有RFID标签或者磁条的图书资料进行扫描和安全识别。该系统通过鸣响报警提示信息判断图书借阅状态。

（1）具有磁条和RFID标签双重防盗的功能，检测规则如下：

①先检测RFID标签状态，假如检测到RFID标签状态正常，则不报警；

②假如检测到RFID标签状态不正常，则报警；

③假如检测不到RFID标签，则检测磁条信息；

④假如磁条为消磁状态，则不报警；

⑤假如磁条为充磁状态，则报警；

（2）同时支持EAS防盗和AFI防盗功能。

（3）单个门禁一次能处理多本图书（大于20本）出门的情况，具备较快的响应速度。

（4）门禁对标签状态与磁条状态识别准确率高。

（5）具备声、光同时报警功能。

（6）可在现有的磁条防盗门上进行改造，加装RFID读写器与天线。

（7）可脱机工作，在发生报警情况下，自动记录图书标签信息。

（8）门禁读取范围需进行控制，避免误读或漏读的情况。

（八）标签转换

标签转换主要是指对图书、光碟等多种类型标签的注册、转换、注销功能。RFID标签通过读取条码信息与图书、光碟信息进行绑定，完成流通前的处理操作。系统还应具备对架标、层标标签的注册与注销功能。

（1）标签转换装置集标签分发器、RFID阅读器、条码扫描器于一体。

（2）扫描条码后将资料写入分发器上的第一个标签，然后自动剥离下来，不需要挪动图书，一次性完成信息的采集、编写工作。

（3）按照系统里数据模型的设定规则，自动将图书条码转变为对应的RFID标签数据。

（4）RFID标签能进行非接触式读取、批量操作，仅在有必要修改编目或典藏信息时进行手动修改操作。

（5）RFID标签编写是否成功取决于指示条码是否清晰。转换站可以判断输入条码是否为本馆使用条码。

（6）对标签读写范围进行控制，以防止误读。

（九）智能书架

当前的 RFID 图书盘点理架需要人工操作，虽然与以往的传统理架模式相比节约了一定的时间，但仍然需要耗费大量的人力与时间。假如馆员有一段时间不对架位上的图书进行盘点，错乱现象就会发生。

智能书架是安装有读取范围覆盖整个书架的多天线 RFID 阅读器的书架。智能书架采用轮询的读取机制，每隔 5~10 秒扫架一次，这样书架上图书的实时情况可被记录下来。

（1）任何取书或上架操作都会被系统记录下来，馆员可随时掌握书架上图书的变化情况。

（2）配合阅览室安装的 RFID 读写器可掌握图书的动向，对图书进行精确定位。

（3）可进行图书阅览量等信息的统计。

（4）在书架上放置小型可视屏或投影设备，可实时显示在架图书信息。

（十）人工智能携带式找书器

很多高校图书馆为了方便读者寻找图书在查询终端上安装了智能定位导航系统，但查询终端毕竟不能随身携带，不够方便。如果高校图书馆配备了便于携带的人工智能找书器，那么读者在寻找自己需要的书时就会十分方便。

（1）这个找书器既可以采用 IOS 系统，也可以采用安卓系统，这样不仅可以降低成本，还可以满足用户的需求。

（2）人工智能携带式找书器可以与 Wi-Fi 连接，利用 OPAC 系统寻找图书，然后通过图书馆的定位导航系统定位所需要的图书，具体可以定位到某一个书架，以及书架的第几层。

（3）图书的具体位置可在地图中显示出来，图书馆可以在主要位置安装 Wi-Fi 热点，找书器可以在很短的时间内通过热点寻找读者在地图中的位置，读者也可以输入自己所在的位置，地图系统一般会给出一条最近的路线。

（4）一般的地图导航系统仅提供定位和道路指引，而这款定位导航系统支持立体式的楼层建筑和道路指引。普通手机和笔记本电脑也能实现这一功能，只要在联网状态下能够运行定位导航系统即可。

（5）人工智能携带式找书器内镶嵌射频识别技术，当接近书架并读到图书的标签信息时，找书器会以文字或者语音的方式提示图书位置。

四、国内高校图书馆应用案例

高校图书馆使用射频识别技术的规模不及公共图书馆使用该技术的规模，集美大学诚毅学院图书馆是我国第一家使用此项技术的图书馆，为我国的图书馆开了先河，让人们开始了解并运用这一世界性的新技术。

高校图书馆在 RFID 技术的应用上具有很大的特殊性：每年开学时与学期末的借还业务量井喷，导致书刊归位工作量井喷；每年秋季开学时馆员要解答大批新生的各种简单、重复的事务性咨询，新生培训覆盖率、实际效果由于各种主客观原因都有待提高；春季学期技术性业务偏多，如科技查新、查证、查引等，从而导致不同岗位人员的需求量不稳定；图书馆设置了多个分馆，图书的归属、馆际传递面临的实际问题也亟待解决。而运用 RFID 系统可有效提升服务效率、服务质量，使各高校能够进一步完善服务模式，创新服务内容。

（一）集美大学诚毅学院图书馆

诚毅学院图书馆的 RFID "智能馆藏系统"包括图书管理员服务系统、电子芯片转换系统、自助借还书系统、馆藏盘查系统等一系列自动化管理系统。学院图书馆馆藏图书约 42 万册，RFID 系统在原有的基础上得到了升级和扩容，自助借还书系统扩大到 10 台（套）。到目前为止，图书馆的借、还书已经实现读者全自动化的服务，图书馆还配备了 24 小时自助还书机，并且和校园卡（智能一卡通）绑定。读者使用校园卡即可借、还图书，还可查询借阅记录、扣缴逾期款等。

馆藏盘查可通过两种途径实现：推车式移动盘点平台和便携式盘点机。推车式移动盘点平台上的读写器可远距离接收标签信息，与传统的手工扫描盘点相比，该操作系统方便快速，可以长时间联机工作，不用逐份扫描即可辨别馆藏的错架、乱架情况。另一种离线式的盘点方法是使用便携式盘点机。盘点机运用扳机触发工作机制，重量轻，携带方便，图书馆员使用这种盘点机扫描书架就可读取图书中的标签信息，并与之前录入盘点机的数据进行对比。若出现乱架图书，盘点机就会发出报警提示。若将具体所需书目信息先输入设备，还可以快速定位图书，方便查找。

诚毅学院还将 RFID 系统应用于电子阅览室，集成校园卡功能，也可对学生利用计算机联网浏览的内容进行控制。

但实际应用中也出现了一些值得我们思索与改进的问题。学生使用该学院的电子阅览室需要缴费，且读者卡集成校园卡，仅限本人使用，这会带来使用上的不便。另外，当读者使用电子阅览室电脑终端查阅馆内资源而不使用网络资源时，有理由要求断开网络以避免收费，但在这种情况下，系统如切断计算机网络，必将导致监管中断。由此可见，实时动态监控与保护读者隐私将是天然的矛盾。

（二）汕头大学图书馆

目前，汕头大学图书馆拥有的 RFID 相关设备包括约 18 万个 RFID 标签、2 套标签转换装置、2 套馆员工作站、2 套自助借还机、2 套移动智能书车、1 套安全门禁（双通道、RFID 和磁条混合检测）、1 套系统管理软件。

在智能移动图书上使用射频识别技术，并且运用 OPAC 系统对图书进行定位和导航，可以帮助读者很快地找到图书，这大大降低了读者找书的难度。由此，只要书本被放置在对应的层格中就是正确的，无须讲究精确的前后顺序。这样大大减轻了工作量，上架的人员只需要按层排就可以了，不需要再核对书架上的每一本图书索书号的层格前后顺序。虽然不同作者的丛书按中图法分编仍被分置在不同的类目下，但可在系统中设置强制排架，将它们归在同一区域，以方便读者查找，并有利于读者拓展阅读。

在实践中，图书馆工作人员发现了一些 RFID 设备的特性导致的不足，提出了人性化的改进措施。设置自助借还机后，读者借书无须再由工作人员负责最后的核查。当发生有人拾取他人读者卡后恶意用完全部权限并将书私留不还的恶性事件时，虽然可以通过一定的技术手段追查读者卡和图书，但难以控制事件的发展，因此预防至关重要。可在读者触发借书功能前设置登录界面和登录密码等安全措施；也可在自助借还机上安装隐蔽的监控摄像头，并通过后台服务器将录像内容保存一段时间；还可在借书流程最后完成时，让读者再次确认所借图书明细，以免因标签技术特性而误读后面阅读者的图书。不管是借图书还是还图书图书馆都应该提供可以立刻打印的纸质收据，或以邮件、手机短信通知的方式增加实时提醒功能，可设置成当读者至少选择其中一种提醒方式后方可进行借、还书操作。

人性化的图书馆也应考虑到有的读者不喜欢使用现代化的技术，比起自动化技术，他们更喜欢人工操作。与此同时，当发生自助借还机系统性的故障、图书的物理性损坏和标签过期、关联错误等情况时必须通过人工操作的方式解决，所以还是需要保留人工借还的工作方式。

第三节　RFID 技术在图书馆应用中存在的问题及解决对策

一、RFID 技术在图书馆应用中存在的问题

（一）RFID 技术在图书馆应用中有待解决的问题

目前，RFID 技术已被国内外大多数图书馆采用，它有效地提高了图书馆的服务质量和效率。然而，RFID 技术是从物流领域引入图书馆领域的，在应用场景和服务模式上图书馆领域与物流领域存在差异，RFID 技术本身也存在一些固有的问题和缺陷。因此，许多图书馆在实际应用中遇到的许多问题无法得到解决，部分问题在经过研讨与改进后能够得以妥善解决。

所有新产品的开发及市场应用都要经历一个由稚嫩到成熟的过程，RFID 技术也是如此。大部分 RFID 厂商直接将应用于物流领域的那一套技术与经验照搬到图书馆领域，不改革也不更新，但是物流领域和图书馆领域有很多不同之处，因此在硬件设备的设计上自然会出现很多问题，不能充分考虑和满足图书馆的实际需求。

（1）很多厂家在设置自助借还功能时，为节约空间只设计了一小块区域用来放置图书。一次借阅多本图书时（一般设定为 5~10 本），除了那一小块区域用来放置一次识读的图书外，没有其他地方可以用来放置多余的图书，这给读者造成了很大的不便。

从读者方面考虑，建议厂家在自助借还设备的借还区域下方设置一个平台用来放置多余图书，或者在设备旁放置临时放书的小桌子，这样对于一次借阅多本图书或者没有带包的读者来说比较方便。同时将设备的天线模式设置成只读取借还区域上方或侧方的图书，这样就能有效减少误读现象，避免误读到其他图书信息。

（2）使用 RFID 自助借还设备后，图书的破损、污损甚至恶意损坏情况都不能得到有效控制，经常会发生图书被乱写乱画、破损、掉页等现象。传统流通模式下，图书管理员可以直接对读者归还的图书状况进行判断，但是自助还书系统遇到这种情况时却无法自动判断，只能对归还图书的数量进行识别。

一般情况下，图书被故意损毁的情况并不常见（高校图书馆的读者普遍素

质较高，损毁情况通常没有公共图书馆严重），但依然不排除低素质和不文明的读者存在。例如，有些读者故意撕去一些书页，在书上乱写乱画，将污秽留在书页上，等等。图书馆为了尽量减少并避免这种现象，可以参考读者的借还书记录，对最近一次使用自助设备归还损毁图书的读者进行警告甚至罚款处理，但需要提前告知读者，以避免相应的风险；同时应该对读者开展素质教育，告诫大家爱护图书。

（3）图书馆会有一些非常规的又大又厚的图书，无法在 24 小时自助还书机中归还；自助借还设备的还书箱如果被设计得太大太高，会导致有些图书发生高空坠落而损坏标签与图书。

为避免发生还书时多本图书叠在一起被当成一本图书的现象（后面一般连接了自动分拣设备，多本叠在一起无法分拣），24 小时自助还书机的还书口被设计得较小，这样又大又厚的图书就无法正常归还。图书馆可以要求厂商将还书口扩大，同时改进软件设计，将相关程序设定为"一次只能归还一本图书"。当软件程序侦测到超过一本图书时，直接自动阻止还书，可避免多书重叠现象。还书箱可设计缓冲装置，避免贵重图书直接从高处落入还书箱，保护图书标签不受损。

（二）RFID 技术的特性缺陷

高频技术和超高频技术是目前应用在图书馆内的 RFID 的两种技术，两者在频率和物理特性上有非常大的差别。两者有不同的特性，在图书馆的应用中有各自的缺点和优点。高频技术的优势在于能穿透非金属，目前这个技术非常成熟，可以选择的供应商有很多，图书馆的使用也很多；高频技术的缺点在于标签的尺寸很大，隐匿性不够，安全性较差，读写功能限于某一特定距离，标签价格昂贵。

超高频的优势在于标签的尺寸较小，隐匿性和安全性都比较高，比高频的读写功能要快很多，读写功能范围更大，标签也比较便宜；它超高频的劣势在于读写距离很难控制，很容易造成读写的错误，超高频的抗干扰能力低于高频，供应商也不多。从物理特性来说不管是高频还是超高频，应用在图书馆都存在无法回避的、固有的特性缺陷。

（1）实际使用中，很多图书馆在射频识别技术的多标签识别中存在相互干扰现象，数据不够准确——阅读器读取存在"盲区"，离厂商宣称的超高识别率有相当大的差距。高频标签识读距离较近，因此读取的准确率相对还可以接受，但超高频标签由于识读距离较远，因此抗干扰能力较差，外界只要有稍许干扰因素存在，图书信息就不能得到准确识别。

厂商也提出过一些应对措施，但治标不治本。比如，在自助借还设备上识读不到正确的图书数量时，一般只需重新摆放一下图书位置即可；但是在图书理架盘点时就可能会造成错读或漏读现象，使盘点的准确率大大降低。目前还没有有效的解决方法，只能要求管理员在盘点理架时进行多次扫架，降低错误发生的概率。

（2）设备干扰可能会对 RFID 安全门的灵敏度产生影响，有些图书馆使用的射频识别技术安全门的位置离柜台工作站的工作台很近。在冬天工作人员使用电热玻璃板的时候，发现接通电源后，安全门的敏感度会降低很多。测试的时候，将未借图书的电子标签用双手捂住，安全门竟然不报警。

RFID 标签及设备相比于传统条形码与磁条来说，对外界因素的抗干扰性较差，图书馆在安装设备时就需要考虑到这个因素，尽量在射频识别技术安全门的位置不使用像电热板、电热玻璃台面等大功率、高热量线圈类用品，以免降低安全门天线及读写装置的灵敏度和精度。RFID 设备的周围也尽量不要放置有强磁场干扰的其他设备。

（3）高频 RFID 标签由于工作原理限制，天线设计无法改变，只能做成方方正正的形状，面积较大，只能贴在书的后页上，隐蔽性差，很容易损毁。

高频 RFID 标签的工作原理决定了其体积无法做得更小，而超高频 RFID 标签可以设计成长条状。目前最小的超高频标签的宽度已经和磁条相差无几，长度比磁条还短，和磁条一样贴于书缝中，不仔细寻找就很难发现，因此在隐蔽性与防盗方面，超高频 RFID 标签更胜一筹。不过对于 RFID 技术来说，防盗只是其附属功能，图书馆主要应用的是它的管理与存储功能。任何安全防盗技术都只是防君子不防小人，都有破解的办法，所以加强图书馆的管理、提高读者素质才是根本。

（4）实际应用中发现，金属书架对 RFID 标签天线信号存在较大的干扰。盘点理架时，RFID 对靠近金属书架两端的图书识读率非常差，需要反复读取才能读到正确的信息。

RFID 标签穿透金属能力较弱，所以金属架上图书误读的概率要高很多（中间的图书由于离金属较远，识别率稍好），而木质书架则不存在这个问题。图书馆可以考虑在金属书架的两头放置木质的书靠架，使图书不直接接触两边的金属，以改善读取效果；高频标签也可在图书盘点时，使用插入式读取的方法，即将盘点设备的天线装置插入书与书之间的空隙中读取，而非采用传统的书脊扫描法，相当于近距离接触 RFID 标签，这样也会提高读取的准确率；管理员在上书时，应养成将书脊靠外排放的良好习惯，以使后续盘点理架工作更加顺畅。

（5）超高频 RFID 标签天线的读写距离是可控的，可调节读写器的功率使读写距离控制在 1 ～ 10 m，但是在使用中由于应用场景不同，还是会存在误读情况。而且超高频 RFID 技术本身存在一个"跳频"特性，即将读写范围限制在某个区域内，但是在区域外的某几个点可能依然能够读取标签天线信号，增大了误读的概率。

超高频射频识别技术由于读写距离可以控制，具有较高的灵活性，在未来的拓展应用中比高频技术更为合适；但其对于产品的后期部署要求较高，需要进行实地勘测来调节不同设备的读写器天线的功率，使其读写区域控制在一定范围内。例如，自助借还设备一般需要限制读写范围为读取区域上方的1 ～ 2 m 区域，从而避免误读到周围其他读者的图书；盘点设备也需要限制读写距离，避免盘点时误读到书架背面的图书；智能书架要实时监测书架上图书的信息，既要避免读到非本区域的图书，又要完整覆盖本区域的所有图书信息，因此读写距离应该如何调节也是一个值得仔细斟酌的问题。

（6）RFID 标签的损耗与寿命。条形码与磁条经过长时间的检验都被证明是比较长寿的标签，但是射频识别技术的标签由于自带的芯片和天线比较脆弱，很容易坏掉。某大学图书馆在实施 RFID 项目的过程中，就发现标签损耗率较高，有些刚贴上就发生断裂，证明标签的质量不稳定，而且在使用一段时间之后，标签的性能明显下降，有些标签会出现读不出数据的现象，不得不进行更换。RFID 标签的价格较高，而且实施范围较大，因此图书馆在采购时需要仔细考察 RFID 标签的寿命与质量。

（三）软件系统与安全问题

一套好的硬件设备需要优秀的后台软件系统进行支撑，每一台 RFID 设备上都有一套独立的软件，也有一个总的后台软件与数据库进行管理与调度。目前国内一些厂商的 RFID 系统还存在着不小的问题，很多是图书馆在实际使用过程中发现的，说明从物流业转型过来的 RFID 厂商还不能真正完全了解图书馆的实际需求。

（1）使用了 RFID 之后，图书的查找与定位似乎变得更精确与智能了，但是事实并非如此。使用盘点设备手工盘点存在误读与漏读现象，且工作量非常庞大，每天全馆扫架一次也不能保证图书位置的正确性，因为读者自行取书、放书就会造成架位出现很乱的排列。装上智能书架并加上导航系统，理论上就可以实现对图书的精确查询。智能书架可以定时对在架图书进行扫描，很大程度上减少了阅读者寻找图书的时间，满足阅读者对图书的需求。但是实践证明，这个系统不能对区域内读者手中图书或已办理了归还手续但还未及时上架的图书进行定位查找。

不能准确定位是射频识别技术系统存在的缺点，目前射频识别技术供应商使用的图书导航系统是根据图书上架的书架层位信息定位图书，能定位到图书在哪一层，至于图书在这一层的哪一个位置就没法进行定位了，而且无法监测图书离开书架或放错位置的情况；智能书架可以实时监测该层位上图书在或不在的信息，只要图书在架子上就可以很快发现，但是图书不在架子上就不能被发现。智能书架可采用间隔时间为 5~10 秒的轮询扫架机制，图书上架或离架时，图书信息就能被自动记录下来，然后在导航系统中将图书状态改为"已离架"或者"已返架"；在每个阅览室的门口与阅览室书桌也加装 RFID 读写装置，图书进入或离开阅览室，放置在书桌等行为就能被监测到，这样就可以大致获取不在架图书的位置信息，精确到阅览室的某个书桌。

（2）RFID 设备的使用安全性值得关注。汕头大学的 RFID 自助借还书设备在使用中曾发生了一起恶性事件——学生捡拾到其他读者的校园卡后，在机器上一次性借满 20 册书后将书拿走。

这个事件证明了 RFID 厂商在软件设计上还欠缺考虑，没有意识到使用安全性问题。在自助借还设备上借书时，使用刷卡与密码验证双重机制就不会发生类似的情况。传统流通台人工借书时馆员可比对照片以确认是否为持卡者本人，但机器多使用密码确保安全性，毕竟有些图书也属于贵重物品；图书馆还可以考虑在自助借还设备上安装摄像头，效仿银行 ATM，使发生类似问题时有据可查。

（3）安全和隐私问题。数据的安全问题是使用射频识别技术的弊端，涉及标签本身的访问缺陷、通信链路安全和阅读器内部安全等。未经授权的非法用户可以用以前的读写器直接与图书馆的图书标签进行通信，来获得标签的数据，有的甚至可以修改图书馆馆内的图书标签；网络非法分子利用图书馆没有密码的无线传输信号非法获取通信数据；发射干扰信号可以堵塞通信链路，使射频识别技术系统超载，不能正常地接收信号；用假的标签向射频识别技术读写器发送虚假数据，使真实的数据找不到；射频识别技术读写器不能为用户提供自行提升安全性能的接口，等等。如果不能够解决这些安全性问题，就会让射频识别技术处于比较脆弱的状态。

图书馆读者要求在使用其信息时得到保护，图书馆也应为保护用户信息而努力。然而使用射频识别技术借书、还书都是在不能接触环境下进行的，这样会产生很多安全性问题和隐私性问题。那么对于阅读者来说，如果图书馆被加上了射频识别系统，从阅读者进入图书馆开始此系统的读写器就会找到该读者的基本信息，这些信息会被自动记录到后台数据库并推送到前台，以便图书馆提供相应的服务，但是读者未必希望这些信息被其他人获知。此系统可以查出读者借阅过的图书等信息，这些信息都是读者不愿被检查出来的，因此如何保护读者隐私不被泄露是个任重而道远的难题。

（4）系统功能不够完善。许多图书馆所需要的功能在目前的 RFID 系统中并没有得到体现，无法完全用机器取代馆员的工作。比如，在自助借还机上出现的很多不符合规定的问题，需要读者到专门的服务台处理。为了方便读者阅读，设计射频识别技术系统时，就要与原图书馆的系统相互交汇，将其原有的功能放到新的系统里面，尽可能地方便读者。

（四）高校图书馆的特有问题

高校图书馆与公共图书馆有一样的地方，也有不一样的地方。高校的图书馆主要服务于本校的老师和学生，建筑设定在高校内部，一般不对外界开放，而公共图书馆面向的是广大群众。高校图书馆往往有多个分馆，分设在不同的校区，图书资源是相互流通的；公共图书馆一般在每个区县都有，读者卡或可通用，但是图书资料相互间往往无法通借、通还。高校图书馆的馆藏资源多为学科专业类书目，以服务广大师生为主；公共图书馆则以大众喜爱阅读的图书为主，往往以虚构类图书最多。高校图书馆一般凭借校园一卡通系统进行统一身份认证，办理借阅；公共图书馆则需要读者付费进行办证业务。还有很多不同之处这里不能一一列举。这些不同使得高校图书馆在应用 RFID 的时候会遇到不少特有的问题，往往在公共图书馆内是无法预见的，具有其特殊的研究意义。

1. RFID 与磁条的混合应用问题

公共图书馆在使用了 RFID 标签之后，往往不再使用磁条作为安防手段，而直接将 RFID 标签作为唯一的防盗工具；高校图书馆往往保留原有的磁条，将磁条与 RFID 共同作为安防手段，有的将磁条作为 RFID 失效后的备用防盗措施，有的则使用双重门禁，同时启用两种标签的侦测进行防盗。公共图书馆经费更为充裕，而且重视图书的流通性与读者的体验，因此在上了 RFID 标签之后，具有重复功能的磁条就被舍弃；高校图书馆一方面经费不那么充裕，不会贸然舍弃之前花大价钱投资的图书磁条，另一方面出于对图书安全性的考虑，希望两种防盗方式并存以降低图书的丢失率。

但是 RFID 标签与磁条并存的模式也带来了新的问题，超高频 RFID 标签与磁条粘贴位置相近，因此在实际使用中信号很可能互相干扰，从而降低 RFID 读写器的读取效率。所以为了防止信号受到干扰，RFID 标签在加贴时，不能与磁条的位置重合。厂商提出过几种标签的粘贴方式，可有效避免两种标签之间的互相干扰：一种是将书皮撕开，RFID 标签粘贴于书脊上，但对图书具有破坏性；另一种是隔开磁条大约 50 页的位置粘贴磁条，距离远可降低干扰性，但对于比较薄的图书此法并不适用；最后一种是效仿高频标签的粘贴方式，将 RFID 标签贴于书本的书页上，但这样就丧失了超高频标签的隐蔽性优点。

除了干扰性问题之外，目前国内的 RFID 厂商并没有比较成熟的"RFID+磁条"的自助借还设备与安全门禁。自助借还设备在处理磁条充、消磁时，总是出现充、消磁不干净的情况，这与自助借还设备内置的充、消磁仪对于不同磁条的兼容性有关，无法实现像人工充、消磁那么彻底。磁条与 RFID 的双重门禁目前国内外还没有成熟的产品面世，目前的做法都是设置两道单独的门禁，一道检测 RFID 标签，一道检测磁条，给读者出入图书馆带来了不便。

2. 成本问题

高校图书馆主要是靠学校的项目拨款，经济相对拮据，因此对标签与设备的成本看得更重要，这也是价格便宜的超高频标签在高校图书馆更受欢迎的原因之一。

RFID 标签相比几年前价格已经下降很多，但是初期投入成本依然较高。与传统的"磁条 + 条码"相比，RFID 技术的使用需要配备很多相应的设备，如 RFID 读写器、电子标签、服务器、自助设备、门禁等。现在高频电子标签大约是 2 元，超高频标签已经下降到 1 元，而一个磁条成本只有几分钱，成本相差很大，如果馆藏图书很多，要全部使用 RFID 标签是很难负担得起的，在看不到实际应用效果的前提下，标签成本会制约大部分高校图书馆的使用。国内的很多高校在财力和人力方面上投入了很多，将永久磁条转换成了充消磁条，配套管理的系统包括门禁系统、监测仪、充消仪、磁条、条码等，它们短期内不会被淘汰。高校图书馆是政府拨款的，经费本来就不多，资源的购置费很紧张，学校宁可把这些钱用在其他公共设施的建设上，也不愿意花在这个系统上，所以高昂的成本成了推行此款系统最重要的障碍。

3. 开展与学科结合的新服务模式

高校图书馆引进 RFID 技术不仅是应用它的基本功能，例如自助借还图书、盘点理架等，更重要的是与学科专业相结合，利用高校图书馆所特有的各种专业类图书资源，结合 RFID 技术开展学科服务，改变传统的服务模式，这也是高校图书馆的特色服务功能之一。这无疑会给 RFID 技术的应用带来不少亮点，同样会带来不少应用上的难题。

由于没有应用先例，很多构思与设想只是纸上谈兵。以个性化学科书目推送为例，通过 RFID 后台统计获知某个读者近期借阅了哪些文献，对哪些文献最感兴趣，或者获知其关注的专业领域，据此可推送相关的书目资料与该学科的新书。但实际应用中必须考虑到读者的个人隐私问题，是否愿意将他的个人兴趣与借阅历史让他人获知；是否能与现有的图书管理系统完美结合，从而实现推送图书的目的，有很多功能可能图书管理系统并不开放给 RFID 系统来使用，例如热门图书、专业图书的定点推送服务，在院系、教学楼等处设置专门的移动书亭，供院系师生自助借还。想法非常不错，但增加了图书运送的人力成本，加重了馆员的工作负担，同时移动书亭里的图书归还点也成为问题。到底是到当地归还还是可以在图书馆内归还，对于读者来说可能就很难搞清楚了。

因此，与学科相结合的 RFID 新型应用模式还需要在探索中克服难题，不断前行。

4. 没有统一的数据模型标准

在图书馆领域，除了新加坡是国家统一的编码外，其他国家都是图书馆自己内部制定编码。但是为了让图书馆的图书流通顺畅，很多国家制定了自己的编码标准。美国国家标准化组织的射频识别技术系统工作组制定的《RFID 在美国》实现了馆际相互操作的标准，其内容除包括数据模型外，还有安全性、数据的移植、图书产业链、隐私、毁坏性等内容。在 2010 年中国国家图书馆为内地的高频 RFID 的图书馆起草了标准化数据模型计划，同时在该项草案的基础上，为超高频 RFID 建立了统一的模式与标准。

以上标准均基于公共图书馆的操作模式，没有涉及高校图书馆的运作模式，公共图书馆的模型不一定适用于高校，所以在高校图书馆领域还缺乏公认通用的数据模型标准。

比如，高校图书馆有众多分馆，所以数据模型中应定义"分馆代码"字段，用来区分高校图书馆中的分馆和馆外的"移动图书馆"，用来说明馆藏资源存放在哪里，为分拣提供便利。在定义数据字段时，还应考虑标签的读写效率，确保实用性（一些超高频标签只有 96bit 的 EPC 储存量，无法容纳过多的字段元素）；将常用的字段放在标签上，不常用或更改较为频繁的数据字段放在后台数据库，确保标签在读写过程中保持较高的效率，防止数量较多的标签数据造成操作卡顿，影响标签的读写速度与使用寿命。

对于馆际互借来说，统一的数据模型标准无疑是非常重要的，可以大大降低图书馆之间互通的难度，还可以规范市场标准，达成资源共享的目标，因此尽快出台高校图书馆专用的数据模型标准无疑是当务之急。

二、问题的根源与解决对策

以上种种问题凸显了 RFID 技术应用在图书馆的种种不足与缺陷之处。虽然 RFID 技术给图书馆带来了更先进的服务理念，改进了传统的服务模式，给读者与馆员带来了方便，但是存在的这些问题也是不容忽视的，应当探寻问题的根源，并尽可能研究出相应的解决对策或扬长避短，使 RFID 在图书馆应用的合理性最大化。

（一）图书馆的需要是很难满足的

目前国内的 RFID 行业由厂商主导，一般由厂家提供的产品会根据图书馆的要求进行修改，但不会有太大的变化。工厂按照自己的想法设计出的产品显然不能满足图书馆的要求，图书馆往往处于被动地位，不得不接受本身不愿接受的产品。例如，前文提到的硬件设计的缺点，就是不能根据图书馆的需要进行设计。因此，图书馆应根据自身的情况，向制造商提出相应的要求，这才是正确的做法。上海交通大学、清华大学、香港城市大学的三个图书馆成立了一个联合大学图书馆 RFID 应用，专门为 RFID 标签、读写设备库和应用程序制定了统一规格，以实现共同的需求。图书馆也可以根据自己的需求提出相应的要求，和制造商签署战略协议，成立研发基金或研发实验室，建立"生产"机制，使图书馆的真正需求得以实现，从而促进图书馆的 RFID 技术得到更好应用，不断提高服务质量，完善服务模式。

（二）现有技术的集成和兼容性

射频识别技术本身也有一些缺陷，如陕西省图书馆的高频 RFID 标签面积大，隐蔽性较差；集美大学图书馆的许多标签在 RFID 识别时出现干扰现象；武汉图书馆 RFID 设备抗干扰能力差。这些问题目前还不能解决，但可以扬长避短，充分发挥 RFID 技术的优点。

一个特定的标签或设备不能用于所有东西，所以最理想的选择和最好的应用方式是让供应商根据不同的场景设计最合适的标签和应用设备。例如，同时安装高频和超高频的标签，实现自助罚款和访问控制。标签和设备分离，通过中间件将数据读取到后台，可以实现高频和超高频的兼容。使用各种设备应遵循统一的标准，开放接口，让彼此具有互操作性。这不仅可以规范 RFID 产品市场，防止厂商垄断，还可以增加图书馆产品的多样性，在服务模式中发挥重要的作用，对图书馆发展有较大作用。

（三）服务模式的变革对图书馆的冲击

射频识别技术的应用体现了图书馆服务模式的变化，许多传统业务如借还书、排序、库存可以利用先进的机器设备完成，所以如何更好地利用无线射频识别技术改进的模型库，增强读者体验是关键。但是相当多的图书馆尚未意识到这个问题，仅仅为了节约人力，跟随时代潮流，引进 RFID 技术。

智能图书馆的理念可以通过 RFID 技术的智能化和自动化实现。对于读者，从进馆开始就对其进行身份识别，到自动将预约的图书推送到书架上，并在热门书架上推荐读者感兴趣的书，还可使用终端设备三维立体寻找书籍；对于管理员，在主题服务和咨询服务中使用射频识别技术，思考如何给读者带来良好的用户体验。在这种理念的影响下图书馆服务模式将发生翻天覆地的变化，RFID 技术的潜力也将被充分发挥，从而获得最佳效果。

（四）图书馆之间的知识交流

大多数图书馆现在使用的无线射频识别技术不存在互通性，这是由射频识别技术的垄断造成的。

　　图书馆应该按照自己的标准，将数据模型标准化，将所有的图书馆标签统一起来，可以互相读写，使用类似"所属图书馆代码"这样字段标识图书馆信息，同时让制造商根据标准规范设计 RFID 标签和产品。这种方式可以实现馆与馆之间的知识交流，有利于资源共享和知识共享，实现资源开放获取的目标。

第四章 高校图书馆自动化与自动化集成系统

第一节　图书馆自动化的价值与作用

　　图书馆自动化应该涵盖所有业务工作的自动化，但多指图书情报业务工作中的数据处理自动化。正如美国计算机应用专家斯蒂芬·阿·萨尔蒙所说："图书馆自动化是利用自动或半自动的数据处理机器来完成诸如图书采购、编目和流通等传统的图书处理工作。""自动化"的含义是处理过程由自动程序控制。

　　图书馆是人类文化的产物，是人类文化的结晶，是国家进步的象征。电子计算机与图书情报工作的结合是现代科学技术领域的成就之一，可以推动传统的图书情报工作进入自动化阶段。

　　在图书情报工作中应用计算机，不仅可以拓宽该领域的理论研究和科学实践，还可进一步丰富图书情报工作的内容。

　　自 20 世纪 50 年代图书馆开始计算机应用研究至今，图书情报业务处理设备一直向全盘自动化装置过渡，目前可以实现高速、准确的自动化处理过程。其经历了单机批处理、联机处理、网络化处理三个阶段，摆脱了最简单的机械装置以及过去需要耗费大量人力和时间的手工操作过程。

　　图书情报工作的现代化对于实现科学技术现代化意义重大。自 20 世纪 70 年代以来，世界图书情报工作便开始实现计算机化，这是一个新的阶段。仅仅用了 10 年的时间，图书情报工作便由 20 世纪 70 年代后期的"联机革命"发展到了 20 世纪 80 年代中期的"脱机革命"，也由"电子时代"转变为使用光盘技术，推动了计算机的广泛应用。经统计，同样浏览世界一年内发表的有关化学的论文语著作，用计算机不到一分钟就可以完成全部检索，而一位化学家以一周 40 小时计算，则需花费 48 年。所以说，图书馆自动化是图书情报工作现代化的重要标志，对于提高我国科学技术水平具有重大战略意义。

实现图书情报的自动化还可以大大提高图书馆对读者的服务质量。图书馆计算机化最大的获利者是用户，它能让读者在最短的时间内查找到所需要的资料。

图书馆的期刊、论文和报告数量愈来愈大，为帮助读者在海量信息中找到自己需要的文献资料，就要利用计算机对信息进行加工和处理，开展诸如图书编目、读者查询、期刊管理、情报检索等工作。计算机应用于图书情报管理有一个很大特点，那就是一对多，即"一种输入对应多种输出，一次输入对应多次利用，一处加工对应多处使用"，加上计算机快速的运算速度，可大大提高图书情报的检索效率，能灵活地满足人们对图书情报工作多种类型、多种形式（卡片、磁带、打印、胶片、纸带）和多种用途的需要。从服务内容到服务方式，计算机能完成许多人工无法做到的事情，使图书情报管理工作达到现代化服务水平。

现代社会正处于信息爆炸的时代，全球每年有近 100 万种图书被出版，近 20 万种期刊以及几百万篇科技报告、专利文献等被发表。一个图书馆的经济力量有限，不可能无限制地增加馆藏。由于各种条件的限制，有些学科的馆藏也不能保证齐全。很多国家的很多图书馆有独特的馆藏特色，通过地区、国内甚至国际图书馆的馆际互借，弥补馆藏资源的不足。读者可通过图书馆内的终端在国内其他图书馆或国际图书馆内迅速找到自己所需的图书期刊资料，真正实现资源共享。

此外，图书馆自动化能代替工作人员进行图书情报资料的某些加工处理工作，将工作人员从烦琐、重复的手工劳动中解放出来。这也有利于图书馆本身管理水准的提升，如图书采购的查重、打印订单、图书和期刊的编目（利用 MARC 数据进行书刊编目，效果显著，每人每天可完成 200 种，而依靠原来手工编目方式每天只能加工 20 种，且可省去校对等工作）、编制新书通报、流通工作的借还登记（催书、预约、罚金计算等）、图书期刊资料经费计算和期刊的划到、催刊、自动报出装订信息等。还可做大量各类统计，有些是手工无法办到的，如根据每类书刊出借率的统计，确定各类图书的利用率，确定哪些书是呆滞书，及时反馈给采访部进行参考，以此提高馆藏质量。

第二节 图书馆自动化集成系统的架构

图书馆的自动化系统大致包括硬件设备、软件系统、数据库和人员四部分。计算机、服务器、外部设备、通信设备等都属于硬件设备。软件系统则包括系统和应用软件。存储和组织业务数据则由数据库完成，像采访、编目、流通、连续出版物、报表、统计、读者等都属于此类。人员大致包括系统管理、软件维护、硬件维修和系统操作四类工作人员。

一、系统架构

C/S 体系架构是图书馆自动化系统最典型的架构。该架构下的自动化系统分为客户端和服务端两部分，中心为局域网，数据管理主要由服务端负责，各种应用和任务则由客户端完成。有一些功能在初期是基于客户端实现的，比如图书的采访、编目、典藏、流通、统计、管理等，而数据库的管理功能则由服务器承担。搭建 C/S 架构比较烦琐，每台客户端上都需安装应用程序，而且客户端或者服务器端都需进行配置。B/S 架构本质上也是一种 C/S 架构，是随着互联网技术的发展而产生的，它的不同之处在于客户端统一变成了浏览器。B/S 架构下的系统核心应用转移到了服务器端，原来需要安装客户端软件才能实现的功能，在浏览器上依靠校本语言和编程即可轻松实现。B/S 架构下的客户端无须安装专门的软件就可以工作，适用于广域网和互联网。

现在，C/S 架构在绝大多数自动化系统中仍被采用，只有较少的自动化系统应用了单纯的 B/S 架构，如 Interlib 系统，由广州图创公司开发，主要在局域网环境下运行。除了 C/S∶B/S 架构，自动化系统也正向其他模式演变和发展。

（一）C/S 和 B/S 混合架构模式

如 OPAC 系统查询馆外用户的应用采用 B/S 架构，而图书馆业务要在局域网内部进行操作，因此采用 C/S 架构。随着图书馆网络联盟的应用越来越多，馆员的服务应用也将逐渐变成 B/S 架构。

（二）多层架构的发展

多层架构将逐渐替代传统的两层架构，因为多层架构在系统的安全性、灵活性以及效率等方面都有很大优势。多层架构体系的特别之处是，其在客户端和服务端之间增加了一个中间件，服务器负责存放重要数据库，中间件负责应用程序，当然与用户界面有关的操作由客户端处理。实际上，中间件是个笼统的概念，有的包括服务端的应用功能以及客户端的业务模块，而有的只包含后者。当两者同时存在时，三层架构就诞生了，当然也存在更多层的架构。调查结果发现，国外四大图书馆的自动化系统除了 Horizon 采用两层架构，其余三个，即 Unicorn、Millennium 和 ALEPH500，都采用包括中间件在内的三层或者更多层架构。国内的主流自动化系统（ILAS Ⅲ、MELINETS、GDLIS NET、博菲特等）也使用了三层或更多层架构。

二、服务器配置

（一）服务器性能配置

自动化系统服务器根据应用方向不同可分为 Web 服务器和数据库服务器。Web 服务器一般为用户提供各种 Web 应用，选择怎样性能的 Web 服务器由网站的服务功能和内容决定，应用对数据库服务器的访问量很大，要求存储容量更大，因而对性能有较高的要求，同时需具备综合能力，比如高性能、高缓存、大内存及存储等。

服务器上的操作系统一般有 Windows、UNIX、Linux 三种版本。为了适应客户的需要，很多图书馆自动化系统的服务器端一般能支持多种操作系统。因此，必须根据图书馆自动化系统的支持能力以及该服务器上所需提供的服务抉择操作系统。

（二）数据库选择

后台数据库是整个图书馆自动化系统的基础，一般大中型图书馆应用的数据库管理系统是一个分布式系统，具备开放性等特点，支持 SQL（标准化结构查询语言）。国内的自动化管理系统，如金盘、汇文、ILASI Ⅲ，均采用 Oracle 这种大型的关系型数据库作为服务平台。而 ILAS Ⅱ 使用的 LDBMS 是其自主研发的数据库管理系统，这是在国外软件和数据库工具包基础上开发、研制的数据库管理系统。商业圈中应用的数据库管理系统具有功能丰富、稳定可靠、兼容性强、数据库接口开放以及便于维护等特点，不足的是价位高。自主研制的数据库系统在升级过程中容易出现问题，虽然成本低，但是功能不太好，而且不便于二次开发。所以，在引进数据库管理系统时一定要在考虑价格和功能的同时重视兼容性。当前，自动化系统大多使用 Oracle、DB2、Sybase、Informix、SQL Server 等商用数据库。

（三）安全措施

图书馆自动化集成系统能正常运行的前提是系统安全。图书馆自动化集成系统在应用过程中会生成图书期刊数据、读者数据、系统配置参数等很多重要的数据。如何保证这些数据的安全，成为图书馆界、技术人员以及系统专业人士必须深入研究的课题。

为了保证数据的安全，自动化集成系统一般会设计多级别的安全加密，如用户登录层密码、用户操作层权限设置、底层数据访问控制以及系统日志备份和数据库加锁控制等。目前业界广泛采用双机备份和数据容灾等安全防范技术。

大体来说，两台服务器对彼此重要的服务以及应用相互备份的过程称为双机备份（或称为双机容错），以达到共同完成服务和应用的目的。当其中一台服务器出现问题而不能工作时，只要通过软件激活备份服务器，备份服务器便代替它进行所有任务。

容灾的概念较为广泛。通俗来说，容灾针对与图书馆系统业务有关的全部数据、信息等。容灾是一个复杂的计算工程，重在保证图书馆自动化系统能正常工作，防止系统业务被破坏，防止重要数据丢失。容灾是一种"提前防范"的举措，而不是事故发生后的"补救"。在实际应用中，容灾会在用户使用的站点之外建立备份站点。如果灾难发生，正在使用的站点已经崩溃，那么备份站点将立即接管原站点的所有功能，使系统恢复正常，使用户感觉不到"灾难"的发生。一般通过建立多个容灾系统提高站点可靠性和安全性。

为了加强用户数据的安全性对应用系统中的重要数据进行复制的过程称为备份。实际上，备份与容灾在负责的对象方面是有差异的，系统数据的安全由备份负责，系统业务的安全由容灾负责，因此"业务的保护伞"是容灾，而"数据的保护伞"是备份。利用各种大容量的存储载体（如硬盘、可擦写光盘、磁带等），通过备份软件对重要的数据进行复制的过程称为备份。利用较高可用性以及可靠性的技术将很多用户站点连接起来，以保护用户系统安全的过程称为容灾。

备份和容灾都是保护系统和数据安全的重要方法，它们有着密切的联系。首先，备份与容灾都可以保护数据，备份保护数据主要通过磁盘介质完成，成本以及性能都比较低，容灾保护数据则采用磁盘方式，性能以及成本比较高。其次，备份在存储领域占有很重要的地位，备份是完整的容灾系统必不可少的一部分，备份是保护容灾系统数据的重要手段。在容灾系统中，用户数据随时可能遭受攻击，由于备份对系统数据做了复制保护，用户数据即便被破坏也可通过备份恢复。

自动化集成系统的安全运行是任何图书馆正常开放、服务保障的前提条件。但是，要保证系统和它的数据安全，图书馆需要购置性能优越的硬件设备和软件系统，这对于大多数图书馆来说很难实现。所以，在考虑备份和容灾方案时，图书馆要因地制宜、量力而行。条件好、资金足的图书馆可适当引进容灾和备份系统，以保障系统和数据的安全。

三、客户端配置

图书馆自动化系统包括两种客户端机器，即图书馆内部以及外部的客户端机器，这两种机器的配置不同，所以其所对应的功能也稍有不同。

图书馆内部的客户端机器一般需要依照自己的自动化系统配置安装特定的客户端软件，以达到在工作时与服务器连接的目的。大多数情况下，只要客户端机器的配置能达到要求，客户端的软件就能顺利运行。客户端软件无须进行大量的数据操作，所以普通计算机即可满足客户端软件的操作要求。

外部的客户端机器一般用来实现OPAC（联机公共目录查询系统）的相应功能。在这些客户端机器上，通过浏览器就可登录图书馆网站，使用自动化系统提供的OPAC功能即可完成相关操作。

第三节 图书馆自动化集成系统模板

当前，中国自动化管理系统基本依照图书馆的工作流程，虽然每个系统都有自己的独特之处，但它们在功能模块上相差无几，均包含了图书馆的全部业务环节，配置了采访、编目、流通、连续出版物、系统管理以及OPAC等模块。这在图书馆自动化管理系统中已经很普遍了。

一、采访子模块

采访工作是图书馆业务开展的源头，所以做好采访工作有着重大意义，它与图书馆资源建设息息相关。采访模块具有复杂的业务流程，涵盖了模块内外链接以及数据的输入、输出，包含书目数据、订购数据、财务数据等数据类型以及订购统计、验收统计、财务统计等统计内容。可见，采访模块的功能较为复杂。此外，国外系统的这一模块与国内用户使用习惯吻合度也较差。

依照图书采访的大致工作顺序，采访模块应具备订购、查重、验收管理、经费管理、财产查询、采访统计、数据交送、系统维护等多方面的功能。它的作用如下：对资源进行查重、订购处理、发行者管理、订购催询以及资源到馆后的接收；对经费以及单据的管理。在对图书分类统计时，可以按照预订或验收方式进行；已验收过的数据利用交送功能送到后续环节模块进行处理。

采访子模块大致包括以下六部分。

（1）订购管理。订购管理模块可以使资源订购的过程更加容易和高效，支持批量处理的订购方式，可直接输入所需订购的资源名称。

（2）查重功能。可对采访目录、编目目录、馆藏目录依次进行检索，确定所采访的资源是否已经存在于图书馆之中。

（3）验收管理。新采购的信息资源到达图书馆之后必须进行验收管理工作，修改包括价格、数量等在内的已有订购信息。部分资源在到馆后价格或者数量会与订购时有所不同，所以要根据实际的变化进行验收、修改工作。

（4）经费管理。可管理多种来源的经费，能实现人民币与其他各种外币的自动换算，能对发票、付款、退款等情况进行登记处理，同时能查询和统计各种经费的使用情况。

（5）机构管理。机构管理记录应存储包括机构名称、联系方式、语种、折扣率、送货方式、付款币种等在内的相关信息。图书馆工作人员可以方便地创建、查询和编辑机构管理记录等。

（6）统计分析。该模块应提供资源的各种统计功能，比如订购、验收、经费、移交、工作量等，并能对统计数据进行分析，生成和输出报表。

二、编目子模块

图书馆工作的基础是编目工作，它基本保证了图书馆资源流通管理工作，方便用户快速便捷且精准查询信息资源，图书馆以编目为基础展开各项工作。因此，编目管理是图书馆自动化系统不可割舍的一部分，它也联结了采访、检索以及流通等模块。

从接收到来自采访部门的信息资源的那一刻起，编目工作就正式开始了。在编目工作中，制作目录款目、资源加工排架、组织目录体系这三部分工作依靠的是传统手工方式。受过专门训练的编目人员可以承担较为复杂的录入工作。在编目工作中，应避免复杂项目重复录入这一对图书馆资源带来极大浪费的行为。因此，最理想、最合理的编目方式就是各个独立的图书馆统一联合编目，此方式有利于通过网络获取编目信息。随着信息资源数量的不断增加，信息资源类型趋向多样化，编目工作也逐渐标准化、自动化和网络化，并趋向于编目联机合作和编目社会化发展。目前，OLCC、CSDL、CALLS、UCCOR、SIUCC、CRLNet 是国内的主要机构，此外还有一些地区性的联合编目机构。为了达到降低成本、提高效率、节省人力的目的，越来越多的图书馆把编目业务这一工作委托给外单位。

根据编目业务的工作流程，编目子模块可包括以下功能。

（1）编目。编辑原书目记录、从联合编目机构套录书目数据、使用数据交换模式批量导入书目数据（如导入外包数据）是创建书目记录的三种主要方式。书目数据的原始编目、套录、批量导入以及不同格式的书目记录之间的格式转换是编目管理模块的主要功能。

（2）查重。以多个索引字段为搜索关键词进行查询。查重可自动显示出重书，防止一书两人。图书馆工作人员可以按照重书的排架号和主题词等修改查重的结果。

（3）校验。校验功能模块可以在编目出现错误时对编目进行修改或删除，根据系统给出的多个检索字段调出相应的书目信息，直接对书目信息进行修改或删除。

（4）打印。打印模块主要完成书标的打印输出功能。

（5）统计。这一模块主要对编目图书按类统计并对其他信息资源进行统计。此外，还应该提供编目工作量的统计等功能，如统计每天、每月、每年图书编目的种数、册数以及金额等。

（6）库管理。该模块有利于保护馆藏数据库安全，在此基础上实现对馆藏书目数据的修改或者删除。

三、流通管理子模块

流通管理模块是与用户直接相关的部分，对外影响较大。为了提高工作效率，为用户提供简便、快捷的服务，图书馆应该充分利用图书馆自动化系统中的流通管理模块。

流通管理模块应该包括读者管理、流通管理、费用管理以及扩展功能管理（例如催还管理、预约管理、通知管理等）四个部分。

（1）读者管理。可进行包括读者记录的创建、修改、查询和删除等在内的一系列操作，还能进行单独创建、批量导入等操作。为了区分读者的身份，应该对各种类型的读者设置不同的标识。为了方便日后进行统计和分析，读者数据一般不要轻易删除。

（2）流通管理。外借、续借、归还的管理操作应该根据外借资源、续借资源、归还资源的一般流程进行。

（3）费用管理。主要用来管理与用户相关的费用（如逾期罚款、遗失馆藏赔付、手工调整罚款金额等）。

（4）扩展功能管理。包含预约管理、催还管理、通知管理等管理功能。

四、连续出版物管理子模块

名称固定、年卷期编号连续、出版时间连续是连续出版物的三个主要特征。连续出版物时效性强，内容新颖，出版周期相对固定，数量大，种类多，是资料保存的一种重要载体。

订购管理、期刊记录管理、登到管理、催缺管理、流通管理和期刊装订管理六个分支功能是连续出版物管理模块的基本功能。

（1）订购管理。包括选刊、查重、续订等功能。

（2）期刊记录管理。对新进的连续出版物进行创建和编目，对信息发生变化的已有类型的连续出版物进行记录或对编目信息进行更改。

（3）登到管理。系统可以对单本或复本连续出版物进行登到管理。

（4）催缺管理。系统可以根据连续出版物的出版周期对数量不齐和迟到的期刊自动生成催刊记录。

（5）流通管理。向用户提供多种检索字段检索现刊和过刊，能够对流通中的连续出版物进行流通管理。

（6）期刊装订管理。必须在一定的时间期限内将到齐的所订报刊装订成合订本，方便分批有序的管理。

五、系统管理子模块

图书馆自动化系统中的系统管理模块可对采访、编目、流通等各种类型的数据信息以及图书馆自动化系统的账号、密码、权限等各类系统信息进行管理。

（1）对采访、编目、流通等各种类型信息的管理。各流程中的数据信息可在采访、编目、流通等管理模块中进行维护和管理，其中还包含对各类信息的统计。

（2）对登录账号、密码、权限的管理。保护工作人员登录系统的账号、密码安全以及设置系统操作相关权限。

六、OPAC 子模块

联机公共目录查询（OPAC）向用户提供了检索图书馆信息资源的功能，方便用户通过计算机终端检索各种存放在图书馆的资源信息。OPAC 模块为用户提供了包括题名、著者、分类号、主题词、关键词、ISBN、ISSN 等在内的多种检索途径。资源检索、信息发布、个性化服务和用户参与等功能是 OPAC 模块的基本设计组成。

（1）资源检索。提供多种查询馆藏信息资源的方法，如简单检索、多字段检索、逻辑组合检索、全文检索、热门借阅、热门收藏、热门评价、热门图书等多种检索方式。检索结果可根据《中国图书馆分类法》按照分类号、文献类型、馆藏地点和主题聚类等不同方式排序显示。

（2）信息发布。该功能用于发布新书通报、图书馆新闻或通知等信息。例如，用户可以在新书通报中查询图书馆所有馆藏地或某个馆藏地最近一天至最近一个月的全部新书或某类新书入藏的情况。

（3）个性化服务。用户可以通过此模块查询相关信息并享受个性化服务。个性化服务包括读者证信息、书刊借阅、违章缴款、预约信息、用户挂失、图书荐购、书评等。有的系统开通了预约到书、委托到书、已超期图书、即将到期图书、系统推荐等提醒服务。

（4）用户参与。向用户提供资源荐购、资源评分、资源评论、意见或建议等新的服务。为了加强用户和图书馆之间的互动，可以让用户参与到图书馆资源的建设和服务中，增加用户体验。

第四节 图书馆自动化集成系统的应用

一、自动化集成系统的搭建以及使用的例子

（一）自动化发展的进程

1996 年年底，闽南师范大学逸夫图书馆引进 ILAS 系统，该系统由国家文化部（现为文化和旅游部）与深圳图书馆合作开发完成。最初 ILAS 5.0 系统只有 25 个系统用户。2001 年，ILAS 5.0 系统进行了升级，这是有史以来的第一次升级，升级完成后版本变为 ILAS Ⅱ V1.0。2003 年，该系统进行了第二次升级，版本由 1.0 变成了 2.0。随着时间的流逝，ILAS Ⅱ V2.0 系统越来越不能满足用户和业务增长的需要，于是在 2006 年 2 月对系统用户数进行了扩充，从原来的 25 个增加到 35 个。该系统数据库现在已经有 60 多万条书目记录，而且完成了书目记录的全覆盖。

ILAS Ⅱ V2.0 系统已被使用了很长时间，在使用过程中我们总结了很多经验，也发现了一些问题。主要包括以下几个问题：①统计速度慢，结果不准确。图书馆的老师总需要统计一些数据，比如书目数据、图书流通数据等，同一个项目在不同时间或使用不同的方法统计出来的结果经常不一致。例如，在"馆藏分类统计"的使用中，无法按照条码段精确统计，比如统计 1 000 001 ～ 1 100 000 条码段内所有图书的分类，系统会把 100 000、110 000 等前面相同的条码也一并统计进来。② OPAC 不支持布尔组合检索，提供的信息比较少，检索功能也比较少，所提供的信息无法满足大家的需要，降低了图书馆资源的利用率。③不方便维护。ILAS Ⅱ V2.0 系统应用 LDBMS 数据库，而此数据库属于非通用数据库，一旦出现故障，需将数据库重组才能从根本解决问题，而解决这些问题需要全馆停工，不仅浪费时间，还影响图书馆正常开展工作。不开放底层的接口，就不利于二次开发。ILAS Ⅱ V2.0 系统只有开放底层接口，才能根据自身需要改进。

为了解决目前存在的许多问题，比如数据库接口的不开放问题、原系统

的业务问题，闽南师范大学逸夫图书馆于 2010 年 8 月引进了北京金盘图书自动化管理系统（GDLISNET V4.0）。该系统技术先进、功能强大。它允许不同条码位数同时存在并能进行正确的统计，解决了之前所说的种种问题。GDLISNET 系统带有许多配套软件和相关的开发接口，例如一卡通接口、短信服务平台、自助借还接口、图书外采系统、数字化校园统一身份认证接口等。

（二）软、硬件及网络环境

1. 硬件环境

（1）系统及数据库服务器：采用 IBM P55A 小型机，主要配置是 Model 55A 的 CPU；2 GB 内存；2 个 146 GB 的硬盘；2 个以太网卡，均千兆；双冗余电源。

（2）OPAC 服务器：使用 HP ProLiant DL580 G04，主要配置是两个主频为 3.0 GHz 的 Intel 双核处理器；2 GB 内存；6 个 72 GB 的硬盘；1 个 SAS 阵列卡；2 个千兆网卡；2 个热插拔电源。

（3）工作机：一般计算机。

（4）检索终端：应用 HP T5135 瘦客户机。

2. 软件环境

（1）小型机操作系统：IBM AIX V4.2 版本。

（2）OPAC 服务器操作系统：SCO UNIX 3。

（3）工作机操作系统：Windows XP、Windows 7 等。

（4）检索机操作系统：Windows XP Embedded。

（5）数据库系统：Oracle 10g 标准版。

3. 系统的网络规划

GDLISNET 服务器以及业务终端放置在图书馆的局域网，而 OPAC 服务器则放置在馆外的互联网上。OPAC 可以通过内网网卡访问 GDLISNET 服务器中的数据。

二、自动化系统的发展趋势

（一）系统架构的转变

随着时代不断变化，图书馆自动化系统已经从最开始的单机、单功能系统转变成混合、多层架构下的多功能网络系统。一批批新的应用技术伴随信息技术的发展逐渐出现，这些应用技术包括面向服务架构 SOA（service oriented architecture）和云计算等。随着新技术概念的不断引入，图书自动化系统实现了技术同步更新，云计算环境下的图书馆自动化系统也在被不断探索、尝试。

国外许多大型图书馆自动化系统开发商已将自己的系统融入云架构中。例如，挪威图书馆联盟 BIBSYS 与 OCLC 围绕 WorldCat Management System 系统签署协议，OCLC 云平台将会为挪威的 100 多家图书馆提供服务；图书馆 "Alma 云" 自动化系统由以色列的 Ex Libris 公司和美国的普渡大学图书馆等单位共同开发；美国的 SirsiDynix 公司已成功研发出应用于多家图书馆的 SirsiDynix SaaS 云架构系统。

现在图书馆自动化系统的云架构系统可以解决以下问题。

（1）成本投入问题。高投入成本和维护费用限制了图书馆自动化系统的发展。随着系统的老化，图书馆还需要承担升级和维护系统的费用，这进一步限制了图书馆自动化水平的提升。

（2）有限的功能无法满足实际工作所需。伴随着数字化环境的出现，图书馆原有的服务理念和方式逐渐发生了变化，图书馆原来的工作环境也发生了改变，一部分工作环节从图书馆内转到图书馆外。现有的图书馆自动化系统很难满足需求。随着电子设备的不断更新发展，编目与检索工作也将被新的工作形式替代，以满足实际工作需要。

（3）自动化系统的维护和管理问题。自动化系统在不断发展应用过程中出现了一系列问题，由于供应商的各种原因（如技术人员的技术水平局限、不够了解用户需求等），这些问题无法及时解决。由运营商负责云平台上的自动化系统的管理和维护，将会大大降低图书馆对自动化系统的投入成本，并减少对技术人员的依赖。

但是，云架构依然存在如下风险和问题。

（1）数据存储环境不够安全。目前并没有创造出可以完全负担图书馆大数据量且开放的云架构。

（2）接入 "云" 的协议和接口问题。图书馆的系统环境和软件平台存在差异，为了减少图书馆接入云的成本和改造升级费用，云服务商需要提供多样化的接口或者统一协议和接口。

（3）没有法律、法规的监管。图书馆在参与云计算的环境共建与共享资源时存在版权纠纷问题。在面临保护隐私、访问安全、资源可靠性、责任等问题时，需要规范和可靠的法律保障。

云架构下的自动化系统所面临的问题一定可以随着对云平台的不断研究和深入应用被较好地解决，从而使自动化系统取得长足的发展。

（二）数字资源管理

20世纪90年代后，国内外图书馆随着互联网技术和数字化技术的发展先后迎来了数字图书馆建设热潮。用户可以利用互联网这种更加便捷的方式获得大量的由纸质资源被数字化扫描、加工后变成的数字资源。图书馆通过向大量的商业数据库商购买由数字化的期刊、报纸、图书等做成的数据库来加速自身机构的数字化，同时购买了一些商业数据库。进入21世纪，图书馆便开始通过购买及各种层次的联合采购更大范围的商业数据库，从而使自己的数据库更加丰富，使图书馆馆藏建设的重点开始由印刷版资源不断向数字资源倾斜。除此以外，图书馆还搜集并整合学位论文、机构知识库、网络免费资源等各类原生态的数字资源。图书馆的馆藏结构也从以纸本资源为主转变为以数字资源为主。图书馆自动化系统内涵和外延的拓展使其不再单纯地用于对图书目录信息和图书借阅进行管理，图书馆目录的作用在不断减弱。数字资源的管理方式已成为自动化管理的核心。

一些专注于数字资源管理的自动化软件也陆陆续续由国外各大型图书馆自动化厂商推出，如Dynix公司的Horizon ERM、Ex Libris公司的Verde、Innovative公司的ERM、开源软件CORAL等数字资源管理软件。Ex Libris公司先后推出MetaLib数据库检索平台、Primo资源发现与获取系统、DigiTool资源管理系统和Rosetta资源保存系统等。2011年1月，美国《图书馆杂志》举办了关于"图书馆自动化系统未来发展"的圆桌讨论会，参会者为图书馆自动化系统高层管理人员和图书馆界专家。会上Ex Libris公司的Carl Grant表示，公司未来研究的重点是数字内容的保存、许可处理和融入原有自动化流程。

（三）移动服务

互联网的快速发展使移动设备迅速流行。手持移动设备的出现，使用户对网络服务的利用也不再局限于位置相对比较固定的计算机与网络设备等上。图书馆自动化系统开发商迅速跟随互联网走向移动互联时代的步伐，积极采取措施，推出了更多相关的应用服务平台。

图书馆自动化系统正在向移动互联的道路迈进。在移动互联网和移动设备需求引导下，图书馆自动化系统正对原来的系统进行合理地改变与扩充。可以提供多项服务，包括手机短信、资源检索网站等。涵盖的内容有移动数字资源检索、移动OPAC检索、移动参考咨询、移动馆际互借等。如今推出的自动化系统新平台有多种用途，有的还被用于保证工作人员的移动互联要求，如

SirsiDynix 公司的 PocketCirc 平台，工作人员的图书借阅可以利用无线网络完成。然而，更多平台只是用来支持用户的需求，如 Ex Libris 公司的 Primo 平台、Innovative 公司的 AirPAC 平台、SirsiDynix 公司的 BookMyne 平台、Polaris 公司的 MobilePAC 平台等，用户对馆藏书刊的查询与借阅、个人信息（如借阅情况）的查询与修改都可以使用手机完成。在国内，部分自动化系统厂商也推出了相关的应用平台，比如江苏汇文软件有限公司推出的具有短信发送和 OPAC 系统查询等功能的手机图书馆。

目前，在国内，许多图书馆正在积极筹备应用 RFID。RFID 应用的普及提升了图书馆的服务水平，也方便了广大的读者。与传统的条形码标签不同，RFID 保存的内容和数据很多，不仅保存图书自身的重要信息，还保存图书的架位信息。在移动图书馆与 RFID 的有机结合下，读者可以利用图书馆资源准确的物理定位满足需求。流行于图书馆的二维码技术偏向于对数字资源的标识，二维码可以存储数字资源的 URL 和 OpenURL 地址信息，读者只需操作手持移动设备获得资源的二维码，就能得到数字资源的存放位置，不用反复操作。在图书馆应用 GPS 导航技术，可以很清楚地了解到图书馆的楼层分布、计算机的空闲状况、阅览室的可用位置等信息。在新技术的产生、应用与不断发展的背景下，图书馆自动化系统将会扩大功能，给广大的读者提供更全面更深层次的服务。

第五章　大数据在高校图书馆中的应用与创新

第一节　大数据概述

一、大数据的含义

人类社会需要一种统计物质种类和数量的工具，以对商品交换进行评估，这是数据出现的背景。在原始社会，由于生产力水平低下，物质资源不丰富，因此数据利用率不高。随着工业社会的到来，生产力水平大大提高，数据的结构化以及标准化显得尤为重要。科学家发明了很多数据查询、分析和处理的方法，用于处理结构化数据和非结构化数据，如音频数据、视频数据、图像数据和文本数据等。随着信息时代的到来，网络技术和计算机技术迅速发展，并推动了"互联网+"时代的到来，人们的日常生活、工业生产、电子商务和科学的发展和研究出现大幅增长，人们开始进入大数据时代。云计算的出现和发展提高了人们处理大量数据的能力。

大数据是一个发展中的概念，目前学术界还没有"大数据"的准确定义。维基百科对大数据的定义是："大数据，或称巨量资料，指所涉及的数据量规模巨大到无法通过人工，在合理时间内截取、管理、处理，并整理成为人类所能解读的信息。"大数据的特征除了表现为大量的数据外，还包括IBM的"3V"定义中所总结的体积、种类和速度。因此，大数据的特性有，规模庞大；数据类型多样，例如有结构化数据、半结构化数据、非结构化数据等数据类型；高速度，即速度越快，时效性越强，数据处理的速度越快，结果价值越大。著名学者涂子沛在《大数据》一书中指出，大数据是指那些大小已经超出了传统意义上的尺度，一般的软件工具很难分析的大量数据，通常以"以太节"为单元。大数据不仅表现为容量大，更可通过海量数据交换、整合与分析，发现新知识，创造新价值，带来"大知识""大科技""大利润"和"大发展"。全球知名咨询公司麦肯锡（McKinsey）率先提出了"大数据"时代的到来。麦肯锡全球研究院发布的报告《大数据：创新、竞争和生产力的下一个前沿》对大数据定义如下：大数据是指大小超出了传统数据库软件工具的抓取、存储、管理和分析能力的数据群。麦肯锡表示，数据"已经渗透到当今每个行业和业务职能领域，成为生产的一个重要因素。"大规模数据的挖掘和应用预示着生产率增长和消费者盈余新浪潮的到来。可以看出，"大数据"是指具有巨大价值的海量数据集，可以有效地利用。

　　自 2012 年以来，世界各国都对大数据产生了极大的兴趣。2012 年 1 月举办的世界经济论坛的主题之一就是大数据。论坛发表了一份关于大数据的报告《大数据、大影响：国际发展的新可能性》，讨论了在新数据研究下如何使用数据带来更好的社会效益。2012 年 3 月，美国政府投资 2 亿美元，正式启动了大数据发展计划，该计划是美国政府在信息科学领域继"信息高速公路"计划之后的另一个重要举措。同年 5 月，联合国"全球脉动"计划发布了报告《大数据开发：挑战与机遇》，阐述了伴随着大数据的发展，各国特别是发展中国家所面临的机遇和挑战，同时对大数据的应用做了初步解读。到目前为止，许多发达国家以及各知名机构和团体都将大数据作为获取有效信息和知识的重要来源，作为调整战略和决策的重要基础。大数据技术成为信息挖掘、分类和分析的重要工具。大数据的发展为人类驾驭数据带来很多挑战，为人们获得更深刻全面的洞察能力提供了前所未有的空间和潜力。在快速发展的互联网时代，它将决定组织的未来和发展。随着时间的推移，人们会发现大数据越来越重要。对于集团公司，大数据的价值主要体现在两个方面：分析使用和二次开发。大数据的分析可以揭示隐藏的信息，对大数据的二次开发是利用大数据创造新的产品和服务。例如，Facebook 结合大量用户信息，定制个性化的用户体验，创造了一个新的广告模式。还有谷歌、雅虎、亚马逊等，它们都是大数据时代的领袖，并在不断创新。大数据给各行各业的发展模式和决策带来了创新和挑战，教育领域同样不可避免，面临着新的挑战和机遇。

　　大数据给图书馆带来了前所未有的挑战和机遇。樊伟红等人提出，大数据给图书馆带来的机遇有建立风险模型、用户流失和价值分析、建立新型知识服务引擎、预测故障、实现智能资源组合、建立智能分析和智能辅助决策等，同时带来了计算存储能力、数据分析能力、基础设施和人力资源等方面的挑战。韩翠峰认为，用户数据分析、处理和预测是大数据时代图书馆面临的挑战。荣春琳认为，大数据可以帮助公共图书馆改进新知识服务和扩大公共服务，但也给公共图书馆带来了数据存储能力、计算能力和隐私保护等方面的挑战。李白杨、张心源提出了数字图书馆建设中数据存储、数据处理和数据分析的实施方案，以迎接大数据向图书馆发起的挑战。程连娟总结了大数据图书馆的建设经验，即政府主导，支持研发，非营利性机构和高校开展公共服务，图书馆界积极加入开展合作。陈超认为，大数据的发展，传统的图书馆从数字化到数据化转变愈加困难，要实现数字化图书馆就要同时将内容、服务和管理数字化，同时考虑和兼顾数据化问题。张兴胜认为，要促进技术系统的发展以及人文情怀和服务理念的渗透与融合，建立一个庞大的数据生态系统。上述研究表明，大数据不仅改变了图书馆数据模型技术，还是一种新的思维方法。它促进了图书馆人发起对图书馆学的"想象力"，通过观察发现图书馆在推动社会文化发展中的作用，思考图书馆在大数据时代所处的历史地位、社会价值和未来发展。

大数据的时代，智能图书馆建设是主要研究内容。下一代数字图书馆服务体系作为一种新的模式将更好地服务未来的图书馆，智慧图书馆以数字化、网络化、智能化的技术为基础，其主要特点是互联、高效、方便，基本追求是绿色发展和数字惠民。王世伟认为图书馆实现"腾云驾雾"必须利用大数据重组再造图书馆数据库以及完成服务和管理的升级，从而迎来图书馆智能化数据管理、数据服务和创新的时代。祝森生提出，建设智能图书馆的主要技术包括集成移动技术、物联网技术、传感技术、人文数字技术、语义检索技术以及数字矿山等。陈臣构建了个性化和智能服务系统，以人为本，面向用户，为读者提供个性化和智能化的阅读服务和高度集成的资源服务。

周杰等研究学者认为，下一代数字图书馆是一种智能化、语义化、模块化、教育程度更高、自我支持的新型数字图书馆，主要体现在语义出版、数据知识组织、移动阅读和分析统计等方面；殷红、刘伟认为，新一代的图书馆服务系统具有完善的媒体资源管理能力，完整的业务流程管理能力和完整的网络领域资源发现能力。刘伟又提出，互联网使人类知识成为大数据之一。人们在数据技术、信息技术的帮助下找到知识，赋予了图书情报人员以真正的知识服务能力。无论是下一代数字图书馆，还是新一代的图书馆服务系统，研究人员认为所有需求的实现均需要基于大数据、非结构化数据进行业务流程再造和平台开发，以提供资源和服务。

综上所述，大数据正在影响着图书馆的形态改变，使图书馆不仅作为实体类型、管理载体和服务模式存在，而且在大数据时代实现了华丽转身。这与卢胜军等将大数据时代钱学森情报思想称为"大成智慧"相契合。对古今中外的知识、信息、数据能够检索、激活和调用的核心就是大智慧。大数据时代的图书馆提供"大成智慧"。

二、大数据的关键技术

大数据技术是一系列收集、存储、管理、处理、分析、共享和可视化技术的集合。根据麦肯锡的研究，适用于大数据的关键技术有三四十项，这里列举几种常用的技术。

（一）遗传算法

基于生物自然选择和遗传机理的随机搜索算法就是遗传算法，是经过全面优化的一种算法。通过概率法找到优化方法，主动找到搜索空间，引导优化，不需要确定方法，并可随时调整搜索方向。遗传算法因其隐含的并行性而被应用于数据挖掘中，易于与其他模型结合。

（二）神经网络

神经网络是一种模拟动物神经网络行为特征，进行分布式并行信息处理的算法数学模型。神经网络具有较好的适应性以及并行处理、分布式存储和高度容错功能，非常适合解决数据挖掘问题，近年来越来越受到人们的关注。

（三）数据挖掘

统计数据和学习相结合是数据挖掘的意义。数据挖掘可以用来从数据中提取有用的信息和知识。比如，用其他数据值的属性预估目标属性的值，有回归、分类、异常检测等模型，或寻找隐藏在汇总数据中的潜在关联，有关联分析、演化分析、聚类分析和序列模式挖掘等模式。

（四）数据融合与集成

集成和分析来自多个数据源数据的方法称为数据的融合与集成。最典型的应用方法是利用互联网上的传感器数据，对如炼油厂等复杂分布式系统的性能进行综合分析。使用社会媒体数据，经过自然语言处理分析，并结合实时销售数据，了解营销活动如何影响消费者的情绪和购买行为。

（五）机器学习

研究计算机如何模拟或实现人类的学习行为，获得新的知识或技能，重构已往的知识结构并不断改善自身性能。这一技术已成为人工智能技术的核心，成为计算机具有智能的最根本方式。例如，自然语言处理就是机器学习。

（六）情感分析

从源文字材料中确定和提取主观信息的自然语言处理和分析方法的应用。分析的主要内容包括识别表达情感的特征、态势或作品。例如，分析社交媒体（如博客、微博或社交网络），以了解不同客户和利益相关者如何与该产品发生关联。

（七）分析网络

利用图像或者网络来描述离散节点之间所存在的特征关系的分析方法。个体与社会或组织之间的联系，可以从社会网络中分析出来。比如怎样传播信息，或者哪些因素的影响所占比重较大。例如，明确企业信息流的障碍以及营销目标的重要责任人的意见等，都可以利用网络分析来确定。

（八）统计分析

有两种关系包含于数据库的字段之中，即相关关系和函数关系。对于数据库中的信息，可利用统计学原理对其进行分析，还可以通过差异分析、回归分析、常用统计、相关分析等方法进行分析。

（九）分布式数据库

如基于 x86 商用硬件和开源软件、完全无共享架构和大规模并行处理而设计，专为新一代数据仓库所需的复杂查询功能和大规模数据所设计的 Greenplum 数据引擎软件。建立在 Google 文件系统上的 Big Table 是专用分布式数据库系统，其研发是受到 HBase 的启发。

（十）非关系型数据库系统

如 HBase，它是一个分布式的、面向列的开源数据库，具有可靠性高、性能优良、可伸缩的特点。搭建大规模结构化存储集群可利用 HBase 技术。HBase 中的大量数据，可以利用 MapReduce 处理。HBase 的开源分布式非关系型数据库是模仿谷歌的 Big Table。

（十一）技术的可视化

可视化技术让大数据分析结果的理解与沟通更加方便，因为它能够创建图表、生成动画或图片等。可视化是支持大数据蓬勃发展的重要领域。

三、大数据的主要特点

以下是大数据时代数据所具有的几个特点。

（一）规模巨大

个人和群体所面临着的数据量大规模增长。普通个人计算机硬盘的容量是TB 量级的，大企业的计算机硬盘已经接近 EB 量级了。从目前来看，单一数据集的规模范围从几十太字节到数拍字节不等，可知大数据的规模大小仍是不断变化的。

（二）类型多样

网络上的日志、检索、社交媒体、存在于手机里的网络传感器以及通话记录等，都可以用以上各种方式产生数据，数据的内容包含全部种类的文本、HTML、报表、办公文档、MXL 图片、音频信息、视频信息和图像等数据。这些数据除了有时效性数据、新闻媒体数据等正规数据之外，还包含了个人感情的数据，而这些数据又打破了之前所限定的结构化数据范畴。结构化数据和所占份额越来越大的半结构化以及非结构化的数据都包含在这些数据中。

（三）产生速度快

大数据生成速度快，或者说数据创建和移动的速度快，也是大数据相较于传统数据挖掘最明显的不同之处，即时效性要求高。以上这些通过基于现实软件性能优化的高速电脑处理器和服务器快速地创建实时数据流，在现在这种高速网络时代已成为主流。

（四）价值密度低

虽然物联网被广泛应用，可感知无处不在的信息，可获取大量的数据信息，但是其所具有的价值密度却很低。以视频数据为例，一段一个多小时的视频，其有用数据可能只有一两秒，剩下的都是没有意义的数据。数据总量的大小与价值密度的高低成反比，单条数据在大数据中也许一文不值，没有用的数据居多，但其综合价值大到不可估量。因此，在大数据时代，亟待解决的问题是怎样利用数据挖掘算法的强大之处，更加快速地"提纯"数据所包含的价值。

（五）存储要求高

数据源多种多样，虽然能提供大量的数据，但随之而来的是科学存储的问题。同样，海量数据存储系统也要有与其等级相对应的扩展能力，因为大数据一般能达到的数据规模是 PB 级的。当前互联网用户呈现出多样化的需求，异质异构、无结构是数据的发展趋势，同时不断涌现出新的数据类型。需要进一步研究的是在查询和海量分布式存储方面。因为由数据的动态演化所带来的挑战是静态的存储方案无法满足的。目前由数据的异质异构、爆炸性增长所带来的存储问题是储存构架不容易解决的。

（六）管理复杂

大数据的规模和复杂结构是传统的 IT 架构所面临的直接挑战，它使处理海量异构数据时不能应用传统的数据管理技术。许多公司在生产经营活动中形成了海量的存档数据，但这些公司对数据的处理能力明显不足。大数据无法用传统的关系数据库处理，到现在为止能够利用的方法有数据仓库、Apache Hadoop 的解决方案或大规模并行处理构架和类似于 Greenplum 的数据库等。

四、大数据技术的应用原理

在这一节中，我们将详细地阐述数据采集、数据分析和数据解释，这是大数据的三大应用原理。

（一）数据采集

因为大数据具有多种复杂的数据结构，如视频、文本、音频、图像、数字等，所以在进行大数据的采集之前，要做好数据的预处理工作。首先，清洗数据源，确保数据完整、准确，提高数据质量，增强数据可利用性，随后抽取数据源信息，并对这些信息进行集成处理；其次，主要使用集合和关联的方法对实体和实体之间的关系进行分析；最后，将以上数据存储到数据库中。为了更好地处理数据，实现对数据的掌控，经过预处理的数据一般转换为数据模型。搜索法、数据流法、联邦数据库法和中间法是当前比较流行的几种数据采集方法。

（二）数据分析

数据分析是在数据采集完成之后进行的，是数据处理技术中最为关键的部分，旨在对数据中隐藏的价值进行发掘和处理。传统数据分析主要分析一些单一类型的数据，而大数据时代，数据分析需要调整和改进传统算法，对数据进行多结构类型的处理。对传统数据分析方法进行调整和改进是当前大数据分析内容的关键。而数据分析的最终目的就是挖掘出蕴含在数据中的内在价值。除此之外，如果想要提高数据的处理效率，就要将数据进行成批处理。在改进传统数据算法的时候，需要注重数据处理的形式以及算法的有效性。

（三）数据解释

为了在显示器上显示数据处理的结果，需要应用数据解释技术。它与传统的数据解释是不一样的，因为大数据具有不同的数据结构和数据形式，数据解释无法直接显示在显示器上，所以对于大数据要用另一种数据解释方法。

五、图书馆的大数据来源

第一，读者对图书的借阅情况、读者的基本身份信息、图书馆拥有的资源信息以及读者的互联网浏览信息等都是图书馆大数据的来源。近年来科技水平不断提高，图书馆也在不断地进行数据信息的积累，逐渐与大数据信息技术融合，形成了图书馆数字资源。图书馆信息管理中大数据技术的应用极大地丰富了电子资源的种类、数量，图书馆大数据的内容包含了这些结构不同、形态各异的数据资源。有专门的统计数据显示，近年来全球信息量每年的涨幅达到了300%，其中大多数采用数据的方式储存信息。图书馆要有足够的存储能力才能存储数量如此庞大的数据信息。

第二，网络时代的来临极大地推动了网络图书馆的发展，图书馆与读者之间通过互联网和移动端建立了更加密切的关系，而读者大都喜欢用移动设备来读书。从如此庞大的数字中，我们意识到互联网对我们生活的影响，它已经渗透到了我们工作和生活的各个角落。互联网图书馆从如此庞大的网络用户中发现了更多的机会，其中图书馆大数据的主要构成是移动网络数据及互联网阅览数据。

第二节　大数据对高校图书馆的影响

一、大数据时代高校图书馆所要面对的挑战

随着现在对信息资源的利用需要和信息技术的发展，怎样直面当前大数据给图书馆各方面所带来的冲击及挑战成为理解"大数据"所必须掌握的内容之一。

（一）数据量的增长对存储能力及计算能力所带来的挑战

在高速发展的数字信息环境中，数据量的急剧增长是由数据成本下降所带

来的。数据类型增多是因为出现了新的数据源和数据采集技术，各种非结构化数据的产生增加了大数据的复杂性。但从大数据应用中发现了具有极强挑战性的科学问题及社会问题，而这对于以大数据为基准的科学研究是有利的，也推动了图书馆形成新类型的知识服务样式。而现有的数据中心技术难以满足大数据的应用及知识服务需求，所以整个知识服务架构亟须进行革命性完善。首先，储存能力的增长远远落后于数据量的增长，信息资源管理及知识服务体系的关键是设计出最合理的分层、分级存储架构；其次，由于移动互联网技术的日臻完善，数据移动相比于过去更加频繁，而数据移动是信息资源管理最耗费资金的地方，这就迫使知识管理进行改变，将传统的数据围绕计算能力转变为计算能力围绕数据；最后，还需要解决一些其他技术性的问题，如计算机通量高、可靠性高、可扩展性广、可用性强的规模、统计、语义及预测性等分析数据的技术、表示新数据的方法等。

（二）传统常规分析向广度、深度分析转变所带来的挑战

图书馆知识服务体系创新与完善需要以数据分析作为支撑点。为了应对图书馆未来所面对的生存危机，图书馆除了需要通过数据了解现在的知识服务过程之外，还需要利用数据对科研创新合作过程以及合作交互型知识服务过程进行事前分析和预测。数据分析包含很多方面，如时间序列分析、数据关联关系分析、社会网络分析、大规模图分析及移动平均线分析等广度及深度分析。

（三）基础设施挑战

数据量及非结构化数据的迅速增加迫使存储及计算规模不得不随之增大，并导致计算成本极速增加。考虑到成本问题，应用由高端服务器转向由中低端硬件构成的大规模计算机集群，这对支持非结构化的数据储存及分析的基础设施提出了更高的要求。第一，为大规模分布式数据密集型应用而设计的基础设施需要满足存储、计算的需求；第二，存储与计算能力应经济高效，并且需要具备足够的能力，包括获取、存储和分析那些 TB、PB 级别的数据，并且还需要拥有智能分析能力，用来减少数据足迹（自动数据分层、大数据压缩及重复数据删除等）；第三，还需要拥有另一个网络基础设施，能够快速将分块的大数据集信息复制到集群服务器节点上进行处理；第四，需要具有可信应用体系的软硬件基础设施来保护高度分布式基础设施和数据；第五，图书馆大数据研究及处理是技能熟练的图书馆馆员最值得期待的挑战之一。

二、高校图书馆在大数据时代所面对的难题

作为信息技术应用的"重镇"——图书馆在大数据时代也一样重要。大数据服务已被哈佛大学引入了图书馆，并且开始应用。这种创造性地引进使我们注意到不能一味地关注每一个图书馆具体的结构化信息资源需求，同时要意识到非结构化数据分析可行、经济和高效的重要性，从而使知识面横向扩展，满足知识服务需求的急剧扩张。非结构化数据分析作为新的尚未开发的资源，可以揭示之前很难确定的重要关系。作为图书情报领域的一项技术推动战略，其目的在于获得更加丰富、更加深刻和更加准确的用户、知识运用者及知识服务洞察，提高图书馆的核心竞争力。相比过去，大数据应用可以更加快速地做出一些对时间敏感的决策、掌握最新的知识服务走势、快速调整方向并抓住新的知识服务机遇。就像在数字图书馆、Library 2.0、云计算技术刚出现的时候图书情报领域发出的质疑一样，图书情报领域在研究大数据方面的尝试也不可避免地遭到了多方质疑。对大数据时代图书馆所面临的问题及机遇进行讨论，是为了提高图书情报领域在大数据时代所要掌握的技术，把知识服务的成本降到最低，并在最大范围内提高知识服务能力。其中，在思想观念上值得所有图书情报领域人员深入探讨和反思的问题有三个。

（1）图书馆所拥有的数据量在不断增长，而图书馆能够分析的数据所占的比例在不断降低。只有充分利用大数据所带来的技术优势与数据分析方法，才能提高图书馆能够分析的数据比例，加强知识服务的智能辅助决策能力。

（2）现在的图书馆对那些"可能是机会的数据"，并没有清醒的认识，他们缺乏将数据转化成知识的思想意识，也没有将非结构化数据持久化处理及深度分析的技术和解决方法，这就是图书馆情报领域数据分析和应用的现状。

（3）如何了解、监管和解析他们所拥有的各种结构化、半结构化和非结构化数据，如何建立软硬件一体化集成的数据及知识的储存、获取、分析、组织和决策的大数据解决方法是图书馆面临的最终问题。

另外，对于图书馆来说，大数据技术依然是一种全新技术，还没有被市场验证和核实。那些准备实施大数据计划的图书馆，从根本技术上一定会考虑以下问题。

（1）哪些数据属于被分析和预测的大数据的范畴？

（2）需要投入的人力、物力、财力、发展张力以及能够获得的回报是否符

合其所在机构的发展规划？那些需要被分析的非结构化的静态和动态数据数量如此庞大，是否真的具有所需的价值？

（3）受数据来源、类型、时间及空间等因素的影响，非结构化的数据呈现出了不同的特征及表现方式，需要运用不同的数据获取、存储、组织、分析及决策技术。怎样依据机构自身所具有的数据特性，选择合适的、有针对性的大数据技术？

（4）怎样有效地整合、集成及分析那些可用周期很短，且属于不同领域、不同时期或不同地域的数据？

（5）如何把握时机，在已有的数据获取、存储、组织、分析和决策流程中加入大数据的支持？

（6）传统的知识创新模式、信息服务方式、信息资源管理、数据存储和分析技术与大数据解决方案之间的异同点有哪些？

（7）大数据解决方案更适合出现在哪种场合？

（8）是将大数据解决方案进一步完善，还是完全取代传统信息服务方式、信息资源管理及信息处理技术？

第三节　大数据时代下高校图书馆的定位与价值

一、高校图书馆大数据

（一）高校图书馆拥有的大数据

高校图书馆的大数据来源呈现出多样化的特征，包括传统的电子书、期刊、数据库论文等结构化数据资源之外，还包括以下海量的非结构化信息资源。

1. 智能设备数据

装有 RFID 的图书信息，可以实现资源的自动追踪和解析。它保留了大量读者的进出馆信息，可以帮助图书馆根据读者到馆的时间做出相应的人员配备，为读者提供更好的服务。

2. 物联网数据

在图书馆不同位置或环境中放置传感器，对所处的环境和资源进行数据采集，长久的累积可以产生大量数据，对分析图书馆的使用状况，优化配置资源都有极大的帮助。

3. 互联网数据

互联网数据的产生速度超过以往任何传播媒介的信息产生速度，这是因为社交网站普及后，图书馆服务的一大评价指标来源是参与众多的用户及其数据中所包含的丰富的情感特征，另外也包含读者在开放的公共查询目录上的搜索记录、在数据库中的访问记录等用户行为信息。这些都是图书馆大数据的重要组成部分。

4. 科学研究共享数据

作为科学研究服务中心的高校图书馆，需要搭建科学研究数据共享平台。其中包括在研究过程中所产生的能被存储在计算机中的任意数据，还包括一些非数字形式的数据，它们能够被转换成数字形式，如调研成果、神经图片、实验中产生的数据、传感器读取的数据、遥感勘测数据、来自测试模型的仿真数据等，以及有巨大研究价值的科研数据信息，这些都是科学研究过程中重要的研究成果。长期以来，高校浪费了大量科技资源，因为高校虽然有丰富的科研数据，但是没有将其进行有效整理和建库共享，往往仅限于本课题组、本单位使用。因此，图书馆需要着重收集的一个大数据来源就是科研共享数据。

5. 移动互联网数据

普及高校移动图书馆可以让图书馆运用移动互联网技术获取大量的读者访问数据，进而从这些数据中解析出读者的读书习惯和阅读倾向，这有助于图书馆展开有效分析，进而预测读者所需要的知识服务。

（二）高校图书馆拥有大数据特征

在图书信息资源不断发展的今天，读者对于图书馆知识服务的要求也在不断提高。图书馆在大数据时代应具有大数据所拥有的特征。

首先，图书馆所拥有的数据资源在编码和格式上无法达成内部统一。这是因为其中不但有一部分基础的文献资料、网络数据资料、光盘数据资源等，而且有一部分读者的信息和图书馆提供服务的信息，还包括图书馆自身发展的数据信息。这些数据形成了大量的异构数据。

其次，图书馆必须要依据用户的服务信息等数据做出相应的服务策略的转变。全国图书馆的数据资源是一个庞大的数据集，图书馆的数据资源每天都在增长，图书馆无法避免地要对大量数据的潜在价值进行分析和挖掘。

再次，24 小时服务、网络服务等图书馆新兴服务方式的出现，增加了用户的数据信息，图书馆需要一些特定的环境和条件才能对这些数据进行挖掘和整理。

最后，虽然数据库的记载与统计已经达到了新的水平，图书馆也已经进入一个发展比较迅速的阶段，但是这些数据还需要进行异构化处理。

二、大数据为高校图书馆带来的价值

高校图书馆要想挖掘大数据的价值，可以通过对人工智能、数理统计、信息技术、计算机科学等多个交叉学科的大数据技术的应用找到隐藏在大数据背后的世界。到目前为止，高校图书馆对大数据价值的利用主要包括以下几点。

（一）为资源采购提供决策支持

图书馆利用图书浏览、借还记录和数据库访问记录以及下载记录等读者使用的资源交互数据，可以较为准确地评估读者使用各种资源的情况。图书馆通过获取读者的浏览访问历史预测他们关注的热点问题，从而增加需求量大的资源的订购量，而对于那些需求量少的资源可以减少其订购量，甚至是取消订购，以此来为资源采购部门提供决策支持，从而用有限的预算来购买更加符合读者需求的资源。

（二）为读者提供个性化的服务

图书馆通过读者的查询历史、借阅历史、数据库浏览历史、搜索记录、下载记录等，可以分析读者的兴趣、诉求，向其推送适合他们的资源，提供个性化的服务，实现图书馆由被动获取资源向主动服务读者的职能转变。为了对其服务需求进行修改指正，提高个性化服务的可靠性和精准性，图书馆要不断地主动地向用户提供探测性的推荐服务，持续性地获取用户的反馈信息。

（三）为学科提供学习方向及热点变化

图书馆可以利用大数据技术，对学科进行聚类分析、网络分析、热点预测、引文分析、可视化分析等，构建学科的知识构架，在宏观上分析相关学科领域的研究热点与方向。这样可以使科学研究人员大幅度地提高学习、研究和创新的效率，特别是那些最新进入研究领域的学者、硕士生、博士生等面临选题困难的科研人员，也能够通过图书馆迅速地了解到其所在学科领域的研究进程，以此来确定自己的研究方向，并且节约文献查阅的时间。

（四）向科研人员提供学术共享平台

高校所拥有的宝贵数据财富是高校科研人员在长期科研活动中通过观察、探测、实验、调查等科学手段累积出来的大量的科学数据，图书馆有义务为相同学科或研究方向的科研人员构造出一个虚拟的交流平台，建立学术交流的圈子，使其彼此之间共享科研成果，构建一个良好的学术共享环境。

三、大数据时代高校图书馆的定位

大数据的应用将为图书馆提供大规模数据资源解析、数据处理，为开展个性化服务、整合资源、提升服务能力和服务水平等提供新的方案和思路。我国学者已经从不同的角度进行了研究，包括大数据与图书馆的相关问题，如机遇、影响等。这些研究对大数据在图书馆中的应用与推动、对图书馆服务质量的提升有着可观的现实意义和理论价值。此外，我们还要关注大数据视角下的图书馆定位及新动向。

（一）图书馆的业务与服务重点应向上游转移

不管是传统图书馆还是数字图书馆，从资源运用的流程来看，图书馆的业务与服务重点都在下游，即资源的整合、利用与存储。在大数据时代，图书馆对用户的服务并不仅仅依靠结构化数据，如书目资料库、机构知识中心、语义化信息等，还可能需要依靠一些非结构化的数据和半结构化数据，如用户查询行为的信息和阅读习惯等，通过对数据的发现和解析为读者和用户提供具有针对性的个性化服务。因此，图书馆的主要业务成了数据的存储、分析、收集、处理，也就是利用大数据的某些重要技术将数量庞大的复杂数据进行整合，再通过对数据的发现、可视化解析等把具有参考决策价值和情报价值的服务信息提供给用户，从而使用户能够通过图书馆获得精确的、有时效性的、有效的信息资源，以此使业务与服务向上游转移。

（二）图书馆应该是公共数据存储、处理、分析与服务的核心

作为现代社会公众文化服务的一个重要组成部分，图书馆特别是公共图书馆在社会人员的教育、休闲娱乐、文献资料的传递等方面起着至关重要的作用。近年来，我国图书馆界的主要建设目标是加强对于信息技术的应用，以拓展图书馆的服务面。但随着全社会进入到大数据时代，一个以紧密型数据的相关分析推动社会创新发展的时代已经到来，图书馆服务也扩展到了大数据处理以及分析方面。图书馆不再只是为社会文化服务的机构，而是集公共数据整合

机构、公共数据储存机构、公共数据处理机构、公共数据服务机构于一身的一个平台，担负起时代赋予图书馆得更加重要、更加突出的时代使命。

（三）图书馆应是完整的网络体系

图书馆在用户服务中的应用是大数据时代赋予图书馆的价值所在，目前讨论最多的是数据分析、数据处理和数据服务。这些技术的实现需要足够的、大量的数据支持，既包括读者在图书馆中阅览的行为信息资料，又包含读者在社会场所的行为数据资料；既包括读者在一个图书馆中与他人交流的数据信息、借书阅览的行为数据，又包括他在其他信息平台中诸如此类的信息数据。所以，图书馆在当今的大数据时代应该借助有可能产生用户数据的其他多个图书馆，甚至那些关系不太大的机构的信息中心的数据支撑，如社会服务中心、商业中心、娱乐中心和工作空间等。要想真正地实现数据的共享，满足读者用户的需求，就需要在不同图书馆间形成一个能够协调工作的有机网络。

第四节　大数据时代图书馆信息创新服务

一、高校图书馆大数据整合系统平台

（一）高校图书馆大数据整合需求

1.图书馆 IT 基础设施架构优化和系统安全性的运行需求

首先，对于图书馆 IT 基础设施架构的优化，最主要的是涉及一些 IT 基础设施的组织架构是否对大数据资料和系统硬件设备的有机整合有利。数据整理中心的 IT 基础设施资源能否使拓展、监管和维护变得更加简便，数据中心的监管、运行和维护所需要的成本是否足够低，并且在异构环境中是不是具有比较可靠的安全性和可控制性。其次，当因为数据中心系统的整合导致 IT 架构复杂程度和设备的数量减少时，对数据的储存和对用户的服务将运行在数量较少的单点设备上，数据中心单点故障率是否低和数据存储安全性是否高。再次，IT 基础设施架构合成的中心技术是虚拟化的，不能因为数据中心对虚拟化技术运用程度的增加，导致系统的安全隐患增加，自身的抗风险能力降低。最后，为了让图书馆服务于用户的性能增强以及增强系统的可靠性，一般图书馆都会在不同的地方构造多个子数据中心，以此提升其服务用户的效率和可靠性。关系到图书馆系统运行安全和 IT 基础设施架构优化的一个重要的问题就是对位于不同地域的子数据中心的数据进行有效的分析、挖掘和整合。

2. 数据中心异构系统与应用服务整合的需求

首先，关系系统安全、管理效率和用户服务质量的关键应用目前主要被图书馆数据中心分布在大型计算机主机、UNIX 平台上，而一些不太重要的应用则被分布在 UNIX 或 x86 等平台上。这就使 IT 基本设备应用的多元化、架构结构的多平台化、数据离散、系统异构现象突出。其次，不同的应用服务、运作系统和虚拟化平台也有不同的安全需要与安全准则，大数据流的获得、召集、管制、解析与决策平台的软件与硬件系统很难统一和预先集成。再次，如何在保证不同系统平台效率的前提下，以用户需求和图书馆服务能力建设为指导，提高大数据平台综合效率与大数据服务有效性的关键是无缝整合数据中心，使原有系统和新开发系统在大数据层面上实现无缝接合。最后，系统运行平台异构、操作系统异构、数据库监管系统异构、网络协定异构、用户环境异构、认证机制异构、远程实施方案的异构、数据本身的异构等方面是图书馆系统异构的主要组成部分，数据整合的困难程度和复杂程度因为这些异构的存在而大幅度增加了。

3. 增强大数据价值密度和可控性的需求

图书馆的数据之所以呈现出多种样式、非结构化和时效性等特点并大量增长，是因为多媒体个性化服务、移动阅读和智能阅读终端的推广与普及。

首先，图书馆服务已经有所转变。在大数据时代，通过应用大数据技术，图书馆已经由过去的以消耗资源为主的形式，转变成了现在的以大数据资源保障为主要内容的个性化"绿色"服务。因此，图书馆的服务创新能力和市场竞争力被大数据资源的价值密度与可控性所影响。其次，因为读者的阅读需要和图书馆服务过程的复杂度提高了，图书馆将面临非常多的挑战，如业务繁多杂乱、计算需求增大、数据存储成本猛烈增长、成本增加、能耗巨大以及服务质量难以保证等，而服务的安全、高效、绿色清洁和可控制性保障则是大数据整合有效性的体现。最后，大数据的分析、评估和预测价值无法被无规律、单一的碎片信息数据显示出来，因为在大数据环境下，数据通常以碎片信息数据流的形式存在。因此，图书馆对数据碎片进行系统性的细分、搭配、重组与整合，就必须以用户服务需求为中心，这样才能提升数据的可控制性、可利用性和价值密度，最终实现大数据向大服务的转变。

4.图书馆需要的智慧管理与智慧服务

图书馆要实现服务系统的智慧服务与智慧管理，就要利用大数据技术构造出一个智慧型图书馆。

首先，图书馆想要正确把握图书馆基础设施结构合理性、系统的服务能力与管理能力、服务于市场的竞争环境和读者个性化阅读需求等这些实际问题，就只有通过对历史信息与现有数据价值的发现、数据的整合与测量完成对图书馆系统构建，包括重要因素之间的关系、服务内容与形式、服务市场、服务对象的数据挖掘和感知。其次，图书馆只有整理合成所采集的全量数据、流式数据和离线数据，对其进行关系分析，并且调节控制和判断用户的需求形式与服务效率，才能完成对服务形式与内容的变革、服务市场环境的特点、个性化阅读服务质量的判断标准等进行准确的预测。再次，智慧服务的保证是图书馆智慧管理的最终目标，因此图书馆大数据资源的整理要想达到提升大数据服务支撑力和大数据资源价值密度的目的，就要一直秉持加强服务系统保护能力和服务资料综合使用率的思想。最后，大数据平台处理海量动态、快速变化数据的效率与能力，取决于有效的数据整合和科学的数据结构，同时后者关系着高速数据在短时间内的即时服务质量和价值有效性。因此，图书馆想要保证信息的发现和处理系统、数据的运算和储存系统、业务决策系统和对用户服务系统的服务高效、安全、质优和具有实效性，就应该通过大数据平台对实时采集的数据流进行快速整合。

5.大数据资源描述语法和主数据库格式统一的需求

对一个图书馆而言，收集的大数据资源主要由用户服务数据，系统管理和监控数据，用户行为数据，用户阅读活动和社交链接，微博、QQ、微信反馈数据等构成。但这些主数据库标准和描述语法不统一，而且存在强烈的冲突和不完整性。数据资源结构复杂，缺乏规律性，数据不能进行有效语义互联。数据集成过程的科学性和结构合理性以及实验数据格式的互操作性和可控性是集成大数据的主因。另外，图书馆倾向于使用虚拟化方法进行数据集成，以提高大数据资源集成的效率并降低集成成本。而如何摆脱数据物理存储方法、存储路径的限制，提高虚拟化融合模型的科学性和效率，是图书馆应关注的问题。

（二）大学图书馆大数据整合机制

图书馆大数据集成平台采用分层多维度架构，确保系统平台具有扩展能力和松散耦合度方式运行。同时，任何功能模式的调整、修改和完善，都不会降低大数据集成平台的整体运行机制。

图书馆大数据资源平台系统（图5-1）中收集的大量资源，存储在一个临时数据库中。数据通过预定义规则进行清理和筛查，并在数据集成后导入主数据库中。图书馆大数据资源整合平台结构系统架构，由数据库管理操作层、数据预清洗与过滤层、数据整合层、大数据资源层组成。数据库管理操作层是用户对平台系统管理与应用的接口。图书管理员通过监控开发完成大数据资源整合平台系统的构建、管理。数据预清洗与过滤层基于收集数据，依据定义的数据清洗与过滤规则，进行数据质量分析、数据过滤和清洗，以集成优秀的数据资源、高价值的数据，确保数据的价值密度和可操作性。数据整合层是将经过预清洗和过滤后的数据，通过数据资源的读取、解析和系统加载，将已经经过转换的数据写入到主数据库，一个大的图书馆数据资源库的整合得以最终完成。大数据资源层主要由大数据资源、临时数据库、主数据库以及应用数据库组成。数据同步机制确保应用程序和数据在主数据库中的数据一致性，为图书馆大数据库应用提供安全、高效、易操作和耐用的数据支持。

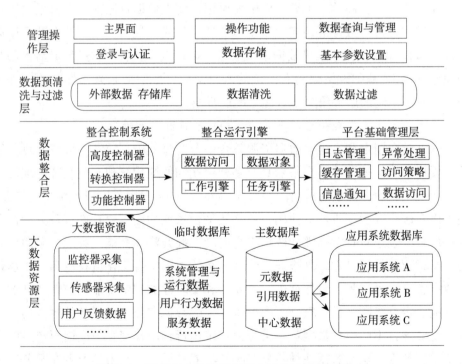

图 5-1　图书馆大数据资源整合平台系统架构图

（三）大学图书馆数据集成布局

1.优化数据中心 IT 基础设施架构

根据 IDC(International Data Corporation，国际数据公司) 进行的调研显示，数据资源每年约增长 60%。种类繁多、实时性强和低价值密度的大数据蜂拥而至，因此图书馆必须加强数据库 IT 基础设施的有效整合和改良，使图书馆系统的差异化结构和大数据资源方式相一致，使资源迅速、高效整合。

首先，图书馆数据中心 IT 基础架构整合改良要以产品集成、信息集成和业务集成为目标，不仅要与风险控制、成本降低、节能需求和质量保证相对照，还要以计算、存储及网络和数据备份设备的虚拟化集成为核心。因此，IT 基础设施的有效整合必须基于计算的虚拟化资源库整合使用，以减少 IT 基础设备的冗余量。其次，有效整合和优化 IT 基础设施，应确保图书馆可以在规则一致、透明的环境中，有效、保质、保量地检索完整数据，坚持两个统一，即统一的数据环境和统一的数据体系结构。再次，图书馆虚拟化数据中心集成图书馆终端服务器、硬件存储设备时，要秉承稳定、快捷、可持续、环保的理念，要坚持安全、高效、可靠、低碳的原则，使大数据资源整合平台根据用户的服务需求，进行数据的访问、发现、清洗、集成。最后，图书馆在数据中心 IT 基础设施库的优化中，可根据未来数据环境特点和整合需求进行灵活扩展和伸缩，保证 IT 基础设施架构有一定的调整空间，能适应未来市场变化，并使该架构有更广阔的服务渠道与智能化的运行模式。

2.大数据资源整合平台应具有较强的功能性和可控性

图书馆在制定和实施大数据资源整合平台的过程中，应注意以下几点。第一，要保证大数据资源整合平台具有多种用途和便捷化管理，使系统更加便捷并降低成本，用户能够通过内嵌平台采用 Java、C++ 等组件完成系统功能扩充，还可以自己研发程序供他人使用；还要使平台系统功能模块软件具备灵活性和可扩展性，以应对日益高涨的数据组合变动，提升整体性能。第二，采用创新的分布式架构执行工作计划排程，管理复杂的数据整合工作流程。第三，通常大数据整合平台应具备对数据进行重要性和实时性的判定功能，根据数据的时效功能确定分级顺序进行整合。图书馆庞大的数据按照用户服务的时效功能分级，主要整合不同类型数据：一类是由系统运行和用户交互与反馈而产生的大量基础型数据，这类数据往往不具有时效功能；另一类是由学习者在服务层面的差异化需求产生的实时信息。第四，在整个平台构建过程中可通过关系数据库系统在构建过程中日趋成熟的快捷性，加强系统对非结构数据和流数据的重组，在保持数据重组稳定的情况下减少平台构建过程中的资金投入。第五，智能化的资源整合平台要求有高效的数据互通手段，在平台的输入端及时对信息分类后，将初步处理的数据精确地匹配到相关的处理模块，之后将加工过的数据传输至主数据库进行分析和利用。

3. 利用云计算技术确保数据整合的高效和经济

新型服务理念和用户需求必然伴随着数据的激增，单纯地通过购买大型硬件设备、提高数据库的兼容性和加工速度、改良检索和匹配的方式、降低学习者服务 QoS 标准等措施，早已无法满足大数据信息的增长势头，因此图书馆应通过引入云计算技术为大数据整合找到新的出路。

数据的安全等级可根据其重要性和图书馆用户的反馈情况分级。其中系统运行数据、阅读信息、用户需求信息、运营模式评估数据、客户反馈数据安全级别较低，而安全监管数据、用户资料及身份信息、用户检索痕迹和隐私数据、针对用户行为的智能评估则更为重要，而大数据资源往往增长量大，又要求服务高效、传播快速、便于检索，因此只有云计算技术被应用于图书馆数据库中，数据整合的快捷与效益才有保障。

第一，图书馆受限于自己的资金、人才储备和技术能力，大多通过私有云和租赁云的方式储存和使用它们的数据，进而减少对 IT 硬件设备、软件创新、数据管理的依赖，有效地节约资金。第二，将私有云用来存储那些更为重要的高密级数据，当图书馆因资金与技术等客观因素不得不将重要数据存储在公有云中时，要和第三方云服务机构协商以明确数据安全的责任、数据使用的权利，并达成有法律保障的协议。第三，为保障资源整合系统的有序管理、安全监控，同时节约成本，云服务机构需要向图书馆的用户询问身份和相关权限许可。第四，云数据库应在不涉及改变数据检索、利用、反馈方式的前提下，开发更符合市场需求的数据存储、评估功能，并提高智能化搭建数据模型的能力。

4. 以图书馆大数据服务 QoS 保障为目标

图书馆特色服务的受众是广大的学习者，他们带有鲜明的、不同的社会属性，所以图书馆数据服务也相应地具有社会特质，达到 QoS 保障目标是图书馆大数据整合的宗旨。第一，图书馆应吸取传统 IT 环境下大数据资源整合的长处，将以数据中心硬件设备运营性能的竞争，转变为图书馆大数据分析与个性化能力的竞争，也就是说图书馆大数据整合应有效地把图书馆运营从大规模生产向实效个性化服务转型。用准确、快速和高效的分析判断学习者个性阅读需求的变化，提供量身定制的个性化服务产品。第二，图书馆对不同终端设备采集的大数据资源要科学整合，这就需要在改善服务流程、提高服务时效与速度、提高营销管理效率和个性化用户服务相关性等方面上台阶、上高度，高标准、严要求。第三，图书馆应做好大数据库内部数据和服务资源的整合，依据就是最终完成的用户大数据分析结果，高效实现用户服务内容和模式的定制与投放，这就要提升图书馆业务能力，坚持以人为本理念，提升用户对服务产品的适应性，打铁还需自身硬就是这个道理。第四，来图书馆的学习者的阅读习惯、阅读爱好、阅读种类、阅读情绪等，都是有价值的数据，图书馆大数据整合要注重提升获取此数据的能力，还要多元化跨界与第三方大数据提供商、移动终端服务商深度合作，扩展数据传输服务的内核，依据数据分析结果判断所提供给学习者的服务是否准确、高效。

5. 协调系统架构和优化数据整合

图书馆在运行的过程中会遇到大数据技术无法做到收集与分析相适应的情况，进而给图书馆在协调系统架构和优化数据整合上带来棘手的问题。产生这种问题的原因是图书馆在对原始数据收集和分析时，由系统运行和终端服务器搜集的新数据种类与原始数据之间会产生差异。大数据作为一个整体在体现其利用价值时，一定要制定数据与系统结构统一的模式。另外，设计人员在构建一个大数据平台时，要尽量做到系统各个部分之间效率的最大化，将大数据的搜集、分类、处理、利用各个流程汇集成一个整体；建立完善的安全管理系统，通过智能软件评估和规避风险；大数据平台应用的优势在于简单的系统管理方式。得益于便捷的系统，大数据平台充分利用信息的时效性，加速信息的流动和数据的交换。而对于平台的操作人员来说便捷的管理方式和操作流程能为数据的结构管理提供最大的帮助；最后，大数据整合的最终目的是推动图书馆信息化的发展，打造满足用户需求的新型图书馆。新型图书馆应以可持续发展的方式，推动信息的传播与交流，也为建立环保、便捷的大数据平台提供帮助。同时，图书馆要完善数据使用与信息共享方面的法律法规和制度，为信息传播与交流在管理、控制、监督方面提供保障。

当前，如何运作图书馆架构体系？如何着手管理用户之间关系为用户带来新内容、新思想，同时使用户享受来自图书馆的服务？这就要从数据组成是否具有科学性和使用价值，是否可以平等分享、易于检索等方向上深入研发。由此可看出，应用高级智能技术对价值密度不高的杂乱资源、分散资源进行采集、清洗、转换、整合，使数据平台的资源结构趋于合理化，构建一个高价值密度、可持续利用的基础 IT 资源体系是图书馆获得新的市场洞察和预测分析能力，高效科学地提供满足用户的个体差异化需求服务的关键。

正因如此，图书馆应该基于学习者的差异化需求和大数据资源的固有价值创建一个庞大的管理平台和数据库集成系统。并且，图书馆应该根据用户的安全需求和差异设定与完善用户服务系统。图书馆应对其大数据资源的结构，数据格式、状态进行详尽的分析，增强数据之间的关联性，减少直至杜绝信息孤岛，提高信息发现的广度与深度，将图书馆的用户使用习惯、系统运营、数据管理进行有效的管理。

二、大学图书馆大数据资源共享

诸多新科技的兴起促进了像微博、网络媒体、社交平台等新事物的发展。在当今大数据时代背景下，无论学术、商业、工业还是政府机构都开始关注大数据问题，人类社会在不断进步中已经进入了不断探究数据价值的大数据时代。人们在做出决策之时通常会通过大数据的应用发现事物存在的内在联系，进行对比得出结论，最终用结论指导决策的制定。同时，人们可以通过分析大量的数据对未来的情况进行预测。大学图书馆受益于庞大的数字服务，依靠开发大数据，它可以继续改进数字资源的创建并为用户提供更好的信息服务。因此，我们需要探索如何运用大数据的思想和技术解决大学图书馆数字资源共享的问题。

（一）大学图书馆联盟的数字资源具有大数据特征

首先，通过加强大学图书馆数字化建设和 Web 2.0 时代大学图书馆用户对数字化服务的差异性需求，单个大学图书馆数字化虽然并不具备"大数据"特征，但这些大学图书馆联盟的数字资源已经具备"大数据"所拥有的一系列属性。其次，大学图书馆联盟的数字服务量持续增长。随着大学图书馆中数字用户数量的增加，用户信息和访问信息以及大学生注册提供的信息通常会创建数据，大学图书馆联盟的服务数据和数字信息产生的非结构化数据形成一个超级数据集。最后，随着信息科技的进步，大学图书馆数字化服务信息用户的需求会持续增长，这并不只是对数字资源的查询和其他一般信息服务，而是在寻求更深层次的数字资源的数据挖掘和数据分析。大学图书馆联盟应该基于用户的差异化需求进行数字资源的信息服务方式的改革，从而满足用户对数字资源信息服务的需求。

（二）大数据时代大学图书馆数字资源共享的优势

1.数字资源优势

大数据能够将杂乱的数据集中整合成有利用价值的数据，并通过对这些数据进行深层次的分析开发出隐藏在数据中的巨大价值。大学图书馆数字资源涵盖了电子书、期刊、数据库、音频、视频等常见的数字资源。单个大学的图书馆数字资源无法达到1PB以上的大数据基准，可是对于大学图书馆联盟，大数据的范围是大学图书馆联盟的全部资料数据。采用云计算处理运营数据，精准地把控数据走向，并对今后的发展做出科学的规划是大数据时代大学图书馆联盟数据分析和利用的重中之重。

2.海量数据产生的优势

在大学图书馆的运营和使用中，用户与系统之间会产生相当多的交互性数据，这样就大大加快了大学图书馆非结构化数据的获取速度。在数字技术基础之上的移动网络的信息传输途径和多渠道服务为大学图书馆的移动化提供了技术上的支持。以自媒体、社交平台等差异化渠道服务所累积的带有个性化的、用户终端的信息服务都将获取海量的交互数据。把这些数字资源以各种形式和组织方式分布到大学图书馆联盟的管理系统中，整合在共同的云平台中，而大数据的开发是由云计算技术提供支持的，云计算技术可以颠覆传统概念中的图书馆，并通过云计算技术将数据集中在一起，形成大学图书馆联盟大数据的信息体系。

3.技术优势

如今的科技发展速度惊人，以云计算技术为基础的大数据正在为大学图书馆联盟提供可靠的平台。虚拟化技术可屏蔽服务器、网络、存储硬件之间的差异，不同的物理设备如何共享的问题都可以通过云计算技术中的虚拟化技术得到解决。整合大学图书馆联盟的现有硬件设备并统一调配降低了大学图书馆联盟的硬件成本，并为数字资源共享提供了硬件保障，这都得益于云计算技术中的虚拟化技术。每所大学分散的自主数据库都可以通过云存储的技术汇总再分类，并交由云端进行资源的再调配，用户的资料与产生的数据也会进行动态分布，缩短了信息获取的时间。通过使用兼容的网络系统，大学图书馆联盟的技术管理部门对云计算网络进行了严密监控、积极防御，以巩固大学图书馆数字服务的安全性。

（三）大数据时代大学图书馆数字资源共享问题解决策略

大学图书馆数字资源共享问题的解决需要良好的、合理的、稳定的策略，这将为完善大学图书馆的资源共享提供有效的途径和思路。

1. 大数据时代大学图书馆数字资源共享的建设策略

（1）管理层面。妥善的、合理的建设策略是大数据时代数字资源共享这项系统化工程能否走绿色、可持续发展道路的关键所在。正因如此，建立符合时代要求的大学图书馆联盟管理机制非常重要，这个管理机制的责任主要是：① 制定大数据建设、数据共享的机制和标准。② 负责数据汇总、存储以及处理数据版权等工作。③ 负责在工作中维护、监管数据。在每所大学的图书馆设立大数据基层管理部门，这是大数据组织机构的基层管理单位，主要负责大学图书馆联盟数据管理系统对大数据的规划和要求，并安排图书馆完成基础数据的收集、访问和审核，从而有效地推动大学图书馆数字资源的发展和建设。

（2）技术架构层面。从技术架构层面来阐述大数据的话，大数据是指从海量数据中快速筛选有价值数据的技术构架。图书馆大数据技术架构用来分析和解决与主要数据的存储、处理、研究和应用有关的问题。如何完善大数据的架构是一个长期性的基础问题，也是大数据的整体性工作，大数据自下而上的逐层分级工作，首先基础是采集、汇总海量的数据，是对结构化、半结构化、非结构化数据的收集与汇总；其次则是对已有数据的存储。存储工作方式有很多种，包括云存储、NoSQL HBase 等；再次是将存储的数据消化、分解成有利用价值的大数据的集成、数据建模，并对数据审核、加密、备份；最后是完成可利用信息的查找、分类，并对数据做可视化、个性化处理。其技术架构如图5-2 所示。

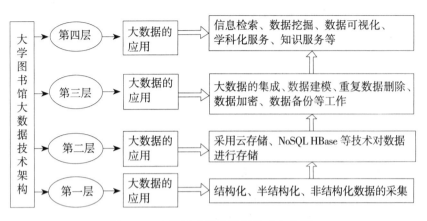

图 5-2 大学图书馆大数据技术架构图

（3）建设统一的大数据平台。大学图书馆联盟建设大数据平台，必须立足于整合过的大学已有的数字资源，并在此基础上进行统一管理和部署。云计算技术应用在大数据平台数字资源的采集中，可以汇总各所大学图书馆现有的网络、硬件和数据资源，初步提取和索引来自各所大学图书馆的数字资源的数据，将这些资源与大学图书馆建立联系，然后数据将会逐级向上汇集到大数据平台上，最后形成每个大学图书馆服务的一个强大的云平台，以方便数字资源存储、数据查询和数据分析。

大型数据平台采用面向服务的架构，可以根据定制信息的需求，差异化、个性化地传达给用户，向用户提供各种类型的数字服务。这可大大缓解在大学图书馆中数字资源浪费、信息孤岛、信息安全等问题，推动大学校园共享数字服务，并向需要数据服务的用户提供高效的服务。

2.大数据时代大学图书馆数字资源共享的运行策略

（1）数据运行方面。分散的数据汇集成大数据，大学图书馆这样规模的信息共享平台对于大数据的时效性、精准度、安全性有着严苛的要求，只有从制度建设、系统维护、数据来源等各方面严格把控，才能保证整个平台的平稳运行。

（2）技术运行方面。用来存储大学图书馆联盟数字资源的有关设备、硬件与软件系统是技术运行的主要维护对象。比如，对于购买性价比高的硬件要制订一个方案。在平时，严格地坚持硬件维护，同时建立灾难意外备份，确保大数据资料的保存。在软件系统方面，要评估数据管理系统的使用、数据管理的访问、数据流数据的精准对接以及采纳开发团队和用户的反馈意见，对平台进行更新换代。要保存和存储活动信息，要注意数据存储对应合理的使用情况，确保数据的安全性和准确性，确保用户能够有效且准确地查询。

（3）网络运行方面。在建立高校图书馆联盟大数据平台的基础上，各高校图书馆利用现有科技对网络进行维护，最大限度地实现网络监管，并及时避免重复的网络建设，导致人力、财力、资源的重复投入，造成大量浪费。同时，完善网络监管，解决网络日常运作中的问题，并快速地反馈、处理、解决问题，降低因网络缺陷导致数据遗失或查询障碍。

（4）绩效管理和评估反馈方面。一个有效的绩效系统，可以对大数据平台的运行数据和问题按时展开评估，减少由于每所大学图书馆利益冲突而消极规避、阻碍这些数字资源的共享。一个优秀的评估反馈系统应该对大学图书馆联盟的大数据平台的各项数据的日常运行和安全提供保障，能够按时提供反馈信息。大数据管理机构应有能力收集每所大学和用户在平台上的使用情况，一旦有问题发生要在第一时间处理问题，并及时地消除问题带来的不良影响。

3.大数据时代大学图书馆数字资源共享的安全策略

（1）数据的安全制度建设。在建设大型数据平台时，要从国家层面制定数据的安全法律法规并依法保护图书馆数字平台共享的资源，建立统一的高标准数据平台的安全操作规范和标准。严密和有效的规则将最大限度地降低大学图书馆联盟成员间的矛盾，以使平台可以顺利地运行。此外，有必要发展一个基于大学图书馆联盟的数字资源保护合作制度，为保护全球大学图书馆联盟提供模板，确保从体制上降低大学图书馆联盟平台安全运行的隐藏漏洞。

（2）加强安全监控能力建设。确保大数据平台功能的日常可用性，保证数据监控和出口流程的性能，并对分配的数字资源进行标准评估，以确保运行的安全性。在为大学建立高水平数字平台的基础上，在大型数据库中采取必要的安全措施。如果平台的某部分显示安全警报，则发生问题部分从整个平台隔离开来，最大限度地保护数据平台的主体安全。同时，组织和更新大型数据本身的安全数据也很重要。如有异常，必须迅速展开处理。

（3）普及数据安全防范意识。在大数据为我们带来大量便利时，大学图书馆联盟的工作人员有必要对数据资源树立安全意识与责任感，大学图书馆联盟所汇聚成的数字资源将成为一个知识的殿堂，对这些数据加以合理利用能够对各个学科的发展做出指导、规划，并且推动科学技术的进步。因此，要确保数据管理人员的素质，加强数据管理人员的大局观和安全观，促进高校数字科学研究机构的发展。

大学图书馆联盟资源共享的建立本身就体现了大数据技术能够打破地域、时间、类型限制的优良特点，通过云技术实现信息的高效互通，并且经过大数据整合的信息数据的可利用价值被大大提高了。利用优秀的数据技术完善大学图书馆平台，可实现大学图书馆数字化服务的普及。在大学图书馆联盟建立数字资源共享时应侧重于三个角度：① 建立一个完整的运行系统。大数据开发是一个有组织的、有计划的工程。一套完整的应用程序应以推动数字资源创建过程所有环节的可持续发展为基础，在有完善尖端构架的前提下，才能确确实实地做到信息、资源的整合。② 创建一套标准的规范模式。建立各个数据类型的模板，让各种资源相通成为现实，这是资源共享的基础。③ 搭建一个共享平台。共享平台的意义在于数据的汇集与转移，即一种流通性，基于大数据技术的平台能实现这种流通性。

三、大学图书馆大数据检索服务

在国内，大学图书馆信息技术的发展呈现良好的前景。与信息化相关的项目资金促进了图书馆信息化的快速发展，以清华大学图书馆为例，到 2018 年年底实体馆藏总量约 525.5 万册，几乎全面覆盖了大学、研究生、博士各个阶段的信息需求，而随着各类大型数据库和电子学术资源的发展，真正的"大数据"时代已经来临。

（一）大学图书馆检索难题

专家韩翠峰认为，大量信息的涌入将对社会已有的传播知识、利用知识的图书馆性质的机构产生冲击。付蔚和王海兰的报告指出，谷歌搜索引擎比其他美国专业图书馆每天处理的问题要多一倍。2007 年余金香等人做的调查报告同样印证了上述报告的统计结果。通过调查，他们发现数量庞大的用户群体包括学生、教师及社会学者获取信息的第一资讯来源已经不是图书馆的信息库或者公共索引，而是 Google。

由于传统方式的图书馆资源的庞杂和未经过整理的信息分散于各个数据库，学习者的获取难度增大，因此科学地利用大数据是解决这种问题的一种有效的方法。

（二）现有检索技术及其优缺点

"联机公共检索目录"和"联邦检索"是现在我国大学普遍应用的两种索引技术。

1.联机公共检索目录

"Online Public Access Catalog"简称 OPAC，意为联机公共检索目录，是一种通过访问信息终端检索图书馆数据的方式，为学习者提供馆藏文献线索和服务。OPAC 最早出现在 20 世纪末，这种检索有效地利用了纸媒的性质，应用了目录式的设计方式，提供与目录比对的方式为学习者找到所需求的内容。网络普及后，OPAC 第二代也得到了广泛应用并做出了与时俱进的创新，它优化了搜索方式。根据钱文丽和李亮先的研究报告，现阶段 OPAC 系统在国内有 10 余家公司供大学使用，在"211 工程"院校里国内公司开发的 LIBSYS、ILAS 和 MELINETS 以及国外的 INNOPAC、ALEPH 和 WebCat 较为普及。

OPAC 系统明显地改进了学术方面的检索技术。第一，OPAC 界面为学习者展示了一个便捷的操作空间；第二，OPAC 培养学习者通过数据检索获得信息的能力；第三，OPAC 目录为简化分类网络信息资源指出了方法。

OPAC 就本身而言局限性也是客观存在的。余金香和李书宁指出，OPAC 系统优化上的问题有这样几点：首先，书籍信息的分类上差异性不强，用户难以梳理搜索结果的关联性；其次，文献应该从形式层面提升到内容层面上来；最后，存在失败率高、检索时间长、扩展检索能力弱等问题。所以，OPAC 技术要满足学习者的需求仍有很长的路要走。

2.联邦检索

联邦检索的功能在维基百科中是这样被描述的：它允许用户通过使用适用的搜索申请，通过某种特定的方法转换后发送到多个网络信息中心中，检索结果自动或者以用户选择的排列方式，以精练的格式且极小重复地显示出来。

学术资源的整合检索在联邦检索技术与联机公共检索目录结合下变得高效简捷，大大提升了学术资源的利用率。

韦伯斯特认为联邦检索虽是行业翘楚，但在检索平台间日益增长的复杂性和缺乏统一性等问题根本不能解决，在使用过程中也暴露出一些无法克服的漏洞，如同时有多个处理器进行搜集信息，会导致联邦检索的结果反馈缓慢，一次的联邦检索只能接收 20 ～ 30 条数据信息反馈，致使结果无法在真正意义上实现相关性排序和去重，且由于本地的信息中心检索性能和搜索能力的局限性，图书馆也只能在自己认证的系统中才可实现读者自主搜索功能，使联邦检索并不能改良搜索系统。考虑到联邦检索技术功能的缺陷，我国专家陈家翠教授认为下一次学术资源检索的发展方向是以元搜索为基础的知识发现系统。

（三）检索技术应用趋势

近几年，图书馆由于 OPAC 和联邦检索系统的不足，不断摸索数据集成之道。其中基于元数据预索引的网络级搜索服务系统提升了用户利用资源的时效性与兼容性，为用户提供了一个实现各类学术资源搜索与获取的一站式解决方案。而早在 2010 年，美国著名的教育技术方面年度报告《地平线报告》就预测，网络规模发现服务是今后将兴起的一个领域。

搜索服务系统首先为图书馆本地和远程庞杂的资源建立了一个集中索引仓储，也就是说将图书馆内外所有资源与学术资源被纳入了一个统一的架构与单一索引体系，通过一个类似谷歌的单一检索框，用户可以检索这个仓储，而系统有效地组织和揭示检索结果，以帮助用户搜索适合需要的资源，实现了资源的一站式检索。搜索服务系统的稳定性也超越了之前的搜索引擎，为大学图书馆学术资源纵深融合和进步提供了方向。

现在图书馆通常采用两种模式：以 Summon 系统为代表的纯 SaaS 型和以 Primo 系统为代表的混合型，前者是将元数据仓存储在云端，本馆收集的和初始的资源信息被存储在本地，并构建一个完整统一的元数据索引，将本馆收集的和初始的资源信息填充到基础信息中并弥补信息系统的缺失，实现对图书馆的全部资源的元数据覆盖。

纯 SaaS 型模式也有一些问题有待解决，具体表现在：①由于国外的检索系统对国内信息的收集量不高，访问的中文资源很少；②不能完成所有资源全文检索；③不能展现不同资源目录间的相关性。

针对中文资源访问的束缚，搜索服务系统提供商和部分大学图书馆做了一些弥补措施。EDS 和南京大学联合利用国内的合作团队开发中文目录资源，并开发了 Find+。西安交通大学采用 Summon 搜索服务应用在图书馆系统中，并同时购入国内超星搜索弥补中文信息搜索系统。在知识产权保护下全文网络搜索是不会成为现实的，如能在信息领域借鉴 FRBR（书目记录的功能需求）的思想，揭示资源条目之间的关系，改进搜索系统，将能更好地服务大众。

大数据中 "3V" 的理念已经日趋深入人心，"3V" 即量级（Volume）、速度（Velocity）和多样性（Variety），大学教育设施建设的发展需要资金的支持，因此在"3V"之后的第四个"V"—价值（Value）的重要性与日俱增，要想实现大数据的价值重点是学术搜索服务应针对大学师生的实际用途而改进。而采用每一个新的检索技术都应以原有技术为基础进行改进，不必全盘否定或者抛弃先前技术之间的整合协同关系。大学老师和学生用户要达到高效利用学术资源的目的，大学的学术资源提供者就应详尽了解用户的切实需求和使用习惯以及目前主流检索技术的利弊，了解检索技术的前景，采用新检索技术，宣传新技术和培养用户使用习惯。

四、大学图书馆个性化信息服务

伴随信息技术的发展，国内大学图书馆信息服务的发展方向也开始转变，差异化的个性服务逐渐被人们所提倡。差异化的服务要求图书馆将信息收集分类，并针对不同用户调整服务，使用户便捷地获取信息。这样的转变理所当然会受到师生的欢迎。那么大学图书馆具体应如何针对用户制定不同的信息服务？如何满足差异化需求？如何彰显新时代信息服务的差异化特性？这些问题将是推进图书馆信息化服务的关键。

（一）个性化信息服务的发展限制

有差异的个性化服务首先应了解用户在图书馆想要获得的信息种类、学科等要求。如今，通过发布问卷、电话咨询、用户反馈等方式提前得知用户的信息需求并开始分析是大图书馆的个性化服务的普遍做法，针对相应的信息需求再由负责各个学科的在馆工作人员向用户提供个性化的服务。由于受连续信息需求等原因限制，开展个性化信息服务感知用户真实的信息需求，传统的个性化信息服务就存在明显不足。

1.无法获取用户真实的信息情境

以往的个性化信息服务模式在获得用户需求时存在问卷设计不足、用户文化程度不同、用户忌惮信息泄露带来严重后果等问题，因此大学图书馆无法准确获取用户的信息需求，而这些偏差也严重影响了用户对个性化信息服务的体验。

2.服务针对性尚且不足

大学图书馆个性化信息服务要取得良好的使用效果，由于在校师生是主体，因此必须及时针对在校师生的课堂教学、研究课题任务等相关信息需求情境实时调整服务策略。然而日常使用中，在校师生往往受时间、沟通等各种因素的制约，无法及时向图书馆工作人员反映自己对信息需求的变化，致使大学图书馆的个性化信息服务与服务对象之间不相适应，差异化的个性服务失去了时效。

3.用户减少带来大量损失

大学图书馆利用大量馆内资源的优势，希望通过个性化信息服务方式更好地服务使用者，但是个性化信息服务针对性不强，用户大量流失。如今"90"后互联网"大学生"，自身有着较强的使用互联网能力，每每有信息需求时他们先想到的不是本校大学的图书馆藏书，而是百度、谷歌、SNS。当面临用户减少且优质资源得不到利用时，图书馆应继续解决服务的个性化和提高用户体验等诸多问题。

（二）个性化信息服务系统可行性

1.多种数据渠道

用户产生的行为数据大多数都可以被图书馆的信息服务系统所收集，如OPAC日志、用户借阅信息、电子资源的用户电子信息中心的使用痕迹、用户在基于主题的信息服务中使用与图书馆工作人员交互的信息、用户留在图书馆微博的评论、用户访问图书馆论坛的时间等。这种数据积累体现了用户信息需求情况的改变，这些行为数据有很高的整合和分析价值，可以及时把握用户现在的信息需求，为图书馆执行个性化信息服务提供建议。

2.容易识别的目标群体

Web数据挖掘的难题之一是对目标用户的身份识别受经费、版权等因素的制约。但是目标用户的身份识别对大学图书馆个性化信息服务系统而言，简易又有明显区分度。因为都是在校师生，信息都在本校图书馆登记过，所以可以对师生用户行为进行收集，对目标群体及时追踪，获得师生的信息行为，分析他们的信息需求，进而实现差异化的信息推送。当大学生和校园学生访问网络资源时，他们的大部分计算机IP地址都在校园网络中心注册，通过用户名和密码也可以很容易地识别出目标用户。

3.用户信息需求的实时感知

对于大学师生而言，他们的信息需求可以通过其在课堂教学、课题科研或学习方面相关的信息行为体现出来，通过后台服务器如实记录这些信息行为数据，可实时感知信息需求。

（三）个性化信息服务系统构建

1. 系统构建目标

高校图书馆个性化信息服务系统在大数据环境下的构建目标是分析庞大数量的网页，在图书馆现有的信息服务平台模式的基础上，整合海量已被用户请求产生的用户行为数据，即通过对互联网上用户信息日志、临时对话、浏览习惯、检索痕迹、用户 ID 目录等进行整合分析，把握用户变化的信息需求，并以此开展针对师生用户的个性化信息服务。

2. 高校图书馆个性化信息服务模式

采用收集用户行为信息的方法掌握用户变化的信息需求，以实现汇总、分析、利用的数据处理要求。图书馆个性化信息服务系统包括集成模块、数据规范化处理模块、信息分析模块（包括结构化数据分析模块、网络协议分析模块和移动终端定位模块）、信息匹配模块、信息推送模块、用户评估模块等。

3. 高校图书馆个性化信息服务系统模块功能

（1）数据集成模块。用户的信息行为数据并不统一地存放在图书馆数据中心里，所以该数据模块将用于汇总各种行为信息，包括系统运行记录、各学科服务记录与反馈、馆内电子文献查阅记录等。将这些不同方式、行为、用途的行为信息相互联系并仔细分析，可以用来建立强大的数据整合模块。

（2）数据规范化处理模块。数据规范化处理模块工作流程如图 5-3 所示。

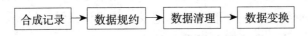

图 5-3 数据规范化处理模块流程

第一，合成记录。不同服务提供商的系统信息中心的数据字段的格式和含义各不相同，图书馆系统又是由不同服务提供商提供的系统。在大学，师生使用图书馆的资源，先办理具有编号的图书借阅证，这样用户就有了特有的标志，图书馆就能够收集用户差异化的行为信息并有效整合。

第二，数据规约。各种信息中心或网络协议中的信息保存和发布时的规范不尽相同，数据规约对这些具有不一样的名字但具有相同意义的数据进行规范，增加信息一致性以提高数据分析的准确性。例如，校园网络日志与普通读者信息库中性别登记方式可能有所不同，校园网络信息中心的用户网络日志中的信息记录可以是 "male" 或 "female"，读者信息库中的性别记录可能为

"man"或"woman"，事实上两种记录是没有区别的。

第三，数据清理。数据清理主要用于清除垃圾数据、干扰数据、错误记录。经过合成记录和数据规约处理的数据后，每个用户在不同数据系统中的行为记录将被汇总到相同字段中。这些相同的字段有些是反复记录的，所以最后经过处理只需要保留一条字段的相关信息属性；有些数据不完整、有遗失，需要完善；有些数据需要纠正，有些数值是需要离散化的实数值。

第四，数据变换。数据转化模块是通过平滑、聚集和数据概化，将各个来源的基础数据的分析算法变化为适应数据利用需求的数据形式。

（3）信息分析模块。现在的大学师生有信息需要时，可通过手机在线进行社交网络查询，使用虚拟人际关系来获得信息帮助，主要节点是人而非网页。这是非结构化信息，需要采取特殊的信息分析策略来进行有效分析。大学师生还可以通过互联网搜索引擎来获取信息，但这种方式会在服务器日志文件中留下使用痕迹，这是半结构化信息，对用户的网络信息行为进行相关分析属于互联网日志分析模块功能范畴。除此之外，大学师生还可通过图书馆来获取资源，图书馆会采用相应的科学技术对用户的反馈信息、相关咨询等进行记录，以规范形式存储在对应的整合信息库中，这属于结构化信息。

第一，移动信息分析模块。在如今通过手机、平板电脑等终端设备可以快速、高效地获取信息的社会中，大学图书馆在优化个性化服务的过程中，也要适应新终端带来的变化，拓展自身在微博、微信等自媒体中的服务渠道。该模块将用户在移动终端上的互联网浏览记录、行为记录加以分析，以获取用户信息需求，为图书馆个性化服务提供参考。

第二，互联网日志分析模块。互联网日志文件会翔实地保存用户访问网络服务器的数据，通过分析这些数据，用户当前的信息需求被快速准确地知道。

互联网日志分析模块分3个工作步骤（见图5-4）。

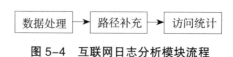

图5-4　互联网日志分析模块流程

数据处理模块主要用于清理无关数据，确认用户身份，减少无用信息导致的系统信息库的膨胀。

在访问互联网信息时，用户存在不通过网页上的链接功能访问页面的情况，即利用浏览器所缓存的历史记录达成间接访问的目的，路径模块的用途就是识别用户访问的原始路径，并及时补充完整该路径。

在掌握用户需求时，详细地记录网页的浏览次数以及每次的浏览时间非常重要。如果用户经常访问特定页面或长时间停留在特定网页上，那么该用户对于该信息或网页的兴趣则比较大。访问统计模块提供用户浏览相关页面的频率。统计用户在浏览网页时的频率对于掌握用户的信息需求有重要的利用价值。

第三，结构化的信息分析模块。结构化信息具有固定和规范的数据格式，根据用户的信息行为，对数据聚合和标准化处理后的数据执行数据挖掘操作，并在数据挖掘后对相关数据进行分类和聚类。用户被划分为不同的数据粒度以识别有相似信息行为的不同用户和同一名用户在各个时间段内的信息检索记录。

（4）信息匹配模块。信息分析模块用于收集用户在网络上的阅读记录和行为记录，分析每个用户差异化的定位、爱好以及其他用户感兴趣的信息。之后，大学图书馆工作人员再利用信息匹配模块精确匹配信息源，满足用户的实时信息需求。

（5）信息推送模块。信息推送模块可以对各个用户的信息接收类型做出相应调整。首先，用户阅读书籍或电子资源后，可以推荐给用户其他用户在浏览相关方面的内容时的选择，推荐用户尚未发现的信息源；其次，当用户使用图书馆微博、微信和学术服务时，根据数据分析的结果推荐相关信息；最后将用户订阅的信息准时发送到用户使用的终端设备上。

（6）用户使用评价模块。个性化信息服务系统利用获取的庞大数据信息识别用户的意图，并将相关信息传送给用户。为了提高用户接收到的信息的相关性和系统服务的准确性，可以通过用户使用评价模块让用户直接评价接收到的信息，并将用户的评价数据自动存储在个性化信息库中。图书馆的工作人员之后在进行个性化信息服务时，可以将数据库中的行为信息作为依据，有效提高个性化信息服务系统的效率。

（四）运作个性化信息服务系统

1.个人隐私可能泄露

个性化信息服务系统通过对用户数据的分析利用找到用户潜在的行为关

联，对用户信息进行适当处理。为了更好地获取用户信息需求，用户信息系统会实时捕捉并记录用户信息，但是这对于用户来说存在着相当大的安全隐患。为了保护用户的隐私安全，在获取用户行为记录之前需要用户的许可，在数据分析之前必须清除涉及隐私的用户数据，删除与个性化信息服务无关联的数据，尽量避免侵犯用户隐私。

2.数据来源的控制

个性化信息服务系统的数据源大多限定在大学，对于用户在校园外的互联网信息，则必须通过与移动网络运营商进行商议合作才能获得。而且只有当用户上网记录达到一定积累且具备连续性时，才能通过个性化数据解析系统进行数据深层次整合，得到具有价值的用户信息需求特征。这些限制在一定程度上降低了识别用户信息的准确性。

五、大数据时代大学图书馆嵌入式服务

对于主要为教师和学生提供科学研究的文献支持和文献信息服务的大学图书馆来说，现代信息社会之间的团队合作、跨学科合作使其开始考虑如何满足时代的要求，并从以文献为重点的图书馆转变成以读者用户为重点的图书馆，严谨、及时整合数据信息，注入用户的科学研发过程，为专业人士提供学术化、规范化精练的服务。因此，掌握读者用户需求，提供时效性、专业性强的主流资讯，融入读者用户工作学习和生活空间的嵌入式服务，被大学图书馆广泛使用。

（一）大学图书馆嵌入式服务内容

米歇尔·鲍文斯在1993年提出了"嵌入式"的概念，嵌入式在大学师生的日常教学工作和科研研发中得到了展现。21世纪初，现代信息技术如Web2.0的发展和人们获取信息的网络化、数字化趋势越来越明显，嵌入式服务在大学图书馆中发展迅猛，吸引了国际图联（IFLA）和美国图书馆协会（ALA）等图书馆组织的关注。美国图书馆协会在2011年实时网络广播节目中就有关于图书馆和图书馆工作人员如何依托互联网计算机技术方式渗入到大学教学科研生活里的论述。大学图书馆嵌入式服务业已成为国际上主流的一种信息服务方式。

图书馆的将来在哪里？主要看图书馆工作人员自身能力的转变。David Shumaker在其著作《嵌入式图书馆员》中，用巡回图书馆员、个人图书馆员、

虚拟图书馆员、信息工作者和联系人等称呼来描述这些职业人——他们尝试运用自身的人脉网络和深厚的专业知识服务于具体的用户群体。图书馆员通过对物理空间、虚拟空间以及组织空间的嵌入，改变知识管理模型库。图书馆不仅仅是"藏"信息资源，还要充分适应读者用户需求，转换文献信息资源，促进社会稳定和健康发展，重新塑造大学图书馆的"智库"形象。

美国嵌入式服务研究专家 Shumaker 指出：图书馆工作人员从借阅咨询式服务向嵌入式服务转换是大势所趋。这是因为读者用户需要不同专业和学科的知识，这要求大学图书馆工作人员对用户学科领域信息比较熟悉和了解，通过提供嵌入式图书馆服务，用"藏"在图书馆的知识有针对性地服务用户，满足读者用户阅读需求，由向读者用户提供信息转换为向用户提供知识。世界各地的大学图书馆都基于自身的学术优势和特长不断摸索嵌入式服务的方法，如从馆内推荐学科工作人员，向用户提供及时有效的咨询、学科索引、任务监控、科学论据检索和集成服务，充分调动参与教学的教师和学生在研究和学习之中的积极性。由于嵌入式服务可以提高搜索数据的利用度，提高用户对图书馆服务的满意度，所以在学术研究上有不可忽视的优势。很多图书馆工作人员和网络工作人员认为，嵌入式服务将是大学图书馆信息服务战略的领航者。如美国亚利桑那健康科学图书馆组织工作人员为各学院提供嵌入式服务；约翰霍普金斯大学韦尔奇医学图书馆的工作人员开展面向教师、学生和职员的服务嵌入式项目；我国中科院国家科学图书馆也早在 2006 年就提出了"融入一线、渗入过程"的第二代大学图书馆工作人员嵌入式服务模式。

（二）大学图书馆嵌入式服务实践

20 世纪 90 年代，我国大学图书馆尝试在大学老师的教学科研项目上开展嵌入式服务，但受限于当时的社会技术发展水平、服务理念及经验，开展的服务多属于专业学科信息传送与推荐，并不能算是嵌入式服务。进入 21 世纪以后，我国大学图书馆广泛探索行之有效的图书馆嵌入式服务。例如，2006 年江西宜春大学图书馆以学生和教学学院为中心，在医学院临床专业探索实践了教师、图书馆工作人员课题教育协作模式；2007 年，沈阳师范大学图书馆将"Big6 信息问题解决模式"嵌入到学生的高阶教学过程中；2008 年，上海交通大学图书馆与专业课教授协同开展了新生信息素养学业培训。随着社会科学技术的进步，我国大学嵌入式服务呈现百花齐放之势，笔者根据嵌入式服务目标与流程的不同，将其分为嵌入科研研发中的服务、嵌入日常教学工作中的服务、嵌入普通读者生活中的服务与嵌入政府与社会组织中的服务四种类型。

1.把服务嵌入科研研发中

大学图书馆嵌入式服务的主要形式是嵌入到科研项目活动中的嵌入式服务。上海交通大学图书馆农业环境学科馆员范秀凤参与了教师自主科研项目，并于 2011 年 2 月 12 日，在上海交通大学农业与生物学院召开的农业与生物学院科研项目申报工作会议上，做了题为"科研课题申请前的文献调研和前沿跟踪"的讲座。上海交通大学图书馆的语言媒体学科馆员汤莉华利用自身专业所长，为刘士林教授的研究课题《中国都市化进程报告》提供了具有针对性的资源搜集汇总服务，还为刘士林教授主编的《中国都市文化研究》主持了"都市学术资讯"栏目，并撰写文章。大学图书馆专业资源丰富、获取信息简捷便利的特点使图书馆工作人员能参与科学研究的选择项目课题、报告、研究、结题、评估成果和转化等环节，提供全面一站式的知识资源信息服务。在科学研究期间，图书馆工作人员可以随时为科学研究人员提供时效性强的关于研究课题背景现状的资料、最新研究成果和学术新闻，撰写专题研究技术热点报告，对研发机构及其国内外竞争对手实力、未来发展格势和市场占有率进行剖析和评估。

2.把服务嵌入日常教学工作中

大学图书馆除了为师生及科研部门提供学术科研资料数据信息以外，还要培养学生熟练获取信息的技能，提高学生阅读兴趣，把服务嵌入日常教学工作之中。这种服务模式可以是图书馆工作人员作为讲师进入学生课堂，也可以是工作人员加入课堂教学平台网络（如 Blackboard，WebCT）中，高效地把获取的信息、技能的培训与专业课程相结合，将信息技术、信息课程教学内容、信息规范融入专业的教学课程。教师和图书馆工作人员共同协作，使学习者能根据自己的学习目标有效地获取各种学习资讯，熟练运用阅读、检索等方法自主搜集有针对性的信息，归纳并使之产生信息的新生长点。上海交通大学图书馆与国家级教学名师王如竹教授自 2008 年起，全面推出新生研讨课"可再生能源的高效转化与利用"。在此基础上，王如竹教授与图书馆合作申报的"新生研讨课的嵌入式教学和考核新模式探讨"项目获批为 2010 年上海交通大学本科教学改革项目。重庆工学院图书馆与该校汽车学院合作，将信息素养教育融入"互换性及测量技术"课程的教学和实践中，其中图书馆工作人员负责信息素养课程教学方向、教学内容的制定，整合大学生实习主题的有关信息，对

"互换性及测量技术"课程学习前后大学生信息意识、能力、应用开展教学测试和分析，促进学科教学，进而增强了大学生应用信息、处理信息的能力，为大学师生学习和工作方式带来了变革。

3.把服务嵌入普通读者生活中

目前信息知识技术进一步发展，人们可以随时随地获取各种信息。作为传统的社区信息中心的图书馆，只有迎难而上才能柳暗花明。为此，图书馆可以组织开展一些汽车图书馆、自主图书馆满足读者用户日益增长的文化生活需求；利用互联网技术开展如移动图书馆、数字图书馆等活动切入数字网络空间，有机结合 Web 2.0 技术、软件开发技术嵌入社会网络、读者的电脑桌面、阅读器、手机等移动终端，打造灵活便捷的阅读方式。如清华大学图书馆研发了 "The library"、北京大学图书馆研发了 "LIBX" 等工具条，嵌入到用户的阅读器之中。上海师范大学图书馆于 2009 年 11 月 2 日与开心网互为依托，为读者用户打造专业的阅读平台。图书馆嵌入到开心网，向读者用户提供最新书讯、精品文章阅读、主流文化推荐、信息需求定制等一站式服务和其他娱乐程序，让用户对图书馆"念念不忘"，使图书馆服务嵌入读者用户日常学习生活中，读者在任何时间都可以有目的地获取自己需求的知识，体验到个性化服务。

4.把服务嵌入政府与企业中

如今各高校的图书馆都拥有极其丰富并且专业的资源，是为高校提供文献与信息的中心。与此同时，图书馆人员不但具备检索和组织信息等专业性的服务素养，而且在高校图书馆开展的组织学科服务的活动中还积累了更为深刻的、更为专业的学科知识，相比于一些一般机构的信息服务人员来说，高校图书馆员具有非常明显的优势，因此高校图书馆在具有专业要求的信息服务上具有一定的人才优势。并且高校图书馆逐步加大了对社会的开放力度，向社会开放了学习空间和许多文献的内容，还开展了相关活动，包括对社会、企业与相关科研单位的嵌入式服务。

（三）高校图书馆嵌入式服务发展趋势

1.服务更注重用户体验，服务呈现立体化、常态化趋势

图书馆的馆员通过嵌入式服务将各种信息提供给可能有需要的用户，这些知识与信息涉及他们生活的方方面面，而且通过上面的例子我们可以看出，用户获取他们所需的信息是在图书馆馆员了解用户需求的基础上完成的，很大程

度上是被动的。毫无疑问，这类针对性与专业性强、信息丰富的信息知识，对于用户来说是非常有价值的，但由于用户的信息接收途径、时间等个体喜好不尽相同，如果图书馆在向用户提供产品的时候一味地按自身的服务方式去提供信息服务，使用户的体验感受无法在服务中得到体现与反馈，那么就会与越来越强调用户体验的图书馆服务理念相悖。由此可见，现在嵌入式的服务已经具备一定的经验，相对来说已经很成熟了，以后注重用户体验的嵌入式服务将是图书馆服务发展的趋势之一。且在这个用户需求差异更大、更专业化、更知识化的背景下，嵌入式服务也需要与时俱进，注重自身的发展方向与趋势，使获取信息更加及时、便捷。

2.技术在服务中将发挥更大的作用

技术的产生、发展、运用推动着社会的进步。从 20 世纪 70 年代的 MARC 到世纪末的元数据再到 21 世纪初的云计算、大数据，图书馆总能在探索中找到将新技术应用于读者服务之中的方式与途径，且每一种新技术的出现都能促使图书馆升级服务的模式。对嵌入式服务来说，现在已有了从最早的将学科馆员嵌入到科研、教师课堂等环境之中为之提供相应的信息知识，到后来的通过工具插件嵌入到用户的桌面、浏览器、社交网络等通过用户的信息定制、互动会话来实现信息的嵌入推送服务。大数据时代的到来推动技术在嵌入式服务中起到越来越大的作用，可以分析信息或数据、发掘数据、发现新知识的大数据技术将被应用到服务用户中去，以通过分析、挖掘丰富的用户信息行为等数据来实现对用户可能需要知识的深层揭示与提供。

随着大数据时代的到来，数据也将更趋近丰富化、多样化，对数据和真相的分析与认识需要管理平台和技术的保障，因而在知识环境下进行所需信息的查找不像以前那样方便简单，图书馆也必须改变服务涉及的内容和方法，用更加多样化的方式，更开放性的服务方式，协调运用各种技术手段、资源与人才，嵌入用户的生活与学习的方方面面，以随时服务用户。

第六章　云计算在高校图书馆中的应用与创新

第一节　云计算概述

一、云计算的由来

1997 年，美国斯坦福大学的两位学生——布林和佩奇，编写了一个叫 BackRub 的搜索爬虫软件，该软件的主要功能是分析网页之间存在的关系。由于销售不出去，他们就继续发展这个项目，增加了网页的搜索数量，使搜查信息的效率大幅度提升。为了进一步提高计算性能，他们决定同时使用几台服务器。他们买了一些旧纸箱、旧主板、旧的 CPU、淘汰的硬盘和低价的电源等，将它们装在纸箱上，就这样组装了很多的服务器。到了 2000 年，他们已经拥有了数千台这样的服务器，并在这些服务器上运行 BackRub。可是这些服务器是旧的，容易坏，而且又不稳定，只能靠完善的软件和系统容灾来解决这些问题。这样即使服务器坏了，软件系统也照样能运行，数据不会丢失。就这样，他们在 BackRub 系统里研究出了先进的运算模式来实现高性能的运算，这就是现在我们所说的云计算。

二、Google 创造了云

Google 公司位于美国加利福尼亚州山景市。Google 搜索是在云计算的基础上建立的，以提高软件系统的分布式部署和调度能力为基础，用 MAPReduce（软件编程模型，用于大数据集的并行运算）来做流程执行，用分布式文件系统来构建，容灾能力很强，支持多并发用户数，这就是云计算的优势。Google 的商业运作模式是以最低的运营成本满足用户需求，前端提供互联网服务，后端收费运作。

三、云计算的特点

（一）规模大

举例来说，Google 云计算拥有上百万台的服务器，都是高配置的，Amazon、微软等的"云"也拥有数量庞大、高配置的服务器，计算能力非常强。

（二）虚拟化程度高

"云"没有固定的位置，也不是固定的实体。应用在"云"的某个地方运行，我们无须了解也不必知道它的具体位置。我们只要借助电脑和移动设备，就可以获取需要的"云"服务，如超级计算服务等。

（三）可靠性强

云计算运用多种计算方法与技术，使其比本地计算机更可靠，服务更安全。

（四）通用性强

"云"可以支持运行的应用多种多样，一个"云"可以让多个应用同时运行，提供多种服务。

（五）扩展性强

"云"的规模可以动态变化，以适应客户和应用规模的变化。

（六）按需付费

"云"为用户提供丰富的资源与方法，客户们可以根据自己的需要来选择并付费。

（七）成本低

"云"资源的利用率比传统资源高，用户可以充分享受"云"的低成本优势。

四、云计算的定义

云计算的发展相当迅速，但是对云计算的定义众说纷纭。下面列举部分计算机专家、云计算专家和知名学者对云计算的定义。

Reuven Cohen——国际云计算互操作论坛（CCIF）创始人认为，对云计算最简单的解释就是将其描述为"以互联网为中心的软件"。

Douglas Gourlay——思科高级主管认为，云计算指的是一个大的宏图，从基本上说，就是让用户透过 Internet 访问技术服务。

Kevin Hartig——SUN 高级数据结构工程师认为，云拥有一个巨大的资源库，为用户提供资源，让用户可以根据自己的需要自行购买。

Aaron Ricadela——美国《信息周刊》主编认为，大多数人喜欢同服务或应用打交道，而不是同这个软件打交道。云计算软件本身隐藏在系统或专业人员的背后。

Irving Wladawsky Berger——IBM 公司科技部副总裁认为，云就是以 Web 服务的方式将那些要求大量软硬件投资、专业技术能力的应用提供给用户。

刘鹏——中国著名云计算专家、网格计算专家认为，云计算将计算任务分布在大量的计算机构成的资源池上，这让各个应用系统都能按照需要获得计算力、存储空间和各种软件服务。

事实上，云计算是分布式计算、并行计算和网格计算的发展。云计算的用户通过移动设备等终端，再通过远程连接，访问存储在计算机数据库和其他云的资源。云计算使计算能力可以作为一种商品进行流通，就像公共设施一样，使用方便且成本低。不同的是，云的输送与使用需要借助互联网。

五、云计算的经济效益和社会效益

云计算给整个社会带来了重大变革。云计算应用于各行各业，如银行、电信、物流、医疗、制造业、公共服务行业、教育、科研部门等，为这些行业带来了巨大的经济效益和社会效益。

虚拟化作为云计算的基础，可为 IT 行业节省成本，节省的资金可用于业务的发展和创新。

用户可以灵活选择业务服务、开发环境、基础架构等开箱即用的 IT 服务，只需付少量费用就可获得计算、软件、数据、存储等云资源，切切实实地帮助用户把资产成本转换为运营成本。

2012 年 9 月，欧盟委员会发布"发挥欧洲云计算潜力"战略，推动公共机构和企业加快使用"云计算"服务。该执委会称，借助云计算的发展，到 2020 年，欧盟成员国将创造近 9570 亿欧元的产值，并累计新增 380 万个工作岗位。

Derek Gottfrid 是来自《纽约时报》的一位高级软件架构师，他说有一次他运用了亚马逊的云服务器，结果用了不到一天的时间就完成了数量庞大的文章编排，生成了超过 1TB 的数据，而这些只花费了 240 美金。假如这些东西交给《纽约时报》自己的服务器完成，会需要很长一段时间，还有可能根本没法完成。由此得出，云计算的应用，不仅会带来巨大的经济效益，还会大大提高工作效率。

阿里巴巴云计算技术公司副总裁王建勋在一次云计算论坛上举了一个惊人的例子：2010 年 11 月 11 日，淘宝网举办了一个名为"光棍节"的网上秒杀活动，一家卖化妆品的网店一天的营业额超过了 200 多万元。一家网店能够在如此短的时间内承受如此大的访问量，而且能够保证顾客的正常检索、下订单、购买、付款等，背后正是"云计算"在发挥巨大的威力。

2011 年 4 月初始，京东商城的融资完成，新创了国内融资金额纪录，融资金额超过 15 亿美金。随后不久，拉手网宣布完成 1.11 亿美元的 C 轮融资。要保证融资业务的正常进行，其后台技术同样离不开"云计算"。

六、云计算类型

从云计算的架构和业务模式来看，云计算分为公共云、私有云、混合云三种类型。

（一）公共云

公共云为公众提供开放的计算、数据、存储等服务，部署在公司的防火墙之外，由云供应商进行维护和管理。软件、硬件、应用、带宽等云供应商负责其系统的安装、管理和维护，用户只要为其使用的资源付费即可。例如，亚马逊的弹性计算云、IBM 的蓝云、谷歌的 AppEngine 和微软的 Azure 云等。

（二）私有云

私有云部署在公司的防护墙里面，它主要根据某些用户的特定需求为其提供服务。私有云平时的维护与管理是公司的任务。私有云与公共云比较而言，具有以下优势：数据管理安全、服务质量稳定、硬件资源和软件资源可充分利用、基本不影响 IT 流程的管理。但是，对于组织或企业内部来说，建立私有云比较困难且持续运营成本较高。私有云如 IBM 的 cloudburst 等。

（三）混合云

根据名称可知，混合云就是将私有云与公共云融合，但事实上，使用混合云比单独使用私有云或公共云复杂得多。通常，混合云建立于企业内部，由企业和公共云提供商共同完成维护和管理任务。混合云可以为某些弹性需求提供一个良好的平台，如灾难恢复。也就是说，私有云把公共云作为转移灾难的平台，并在需要的时候使用它。同时，结构完整、合理的混合云还可以为各种重要的流程提供安全的服务，如接收客户支付流程和员工工资单流程等。

第二节　云服务模式

从云架构的服务层次来划分，云计算可提供三种服务：软件即服务（Software as a Service，SaaS）、平台即服务（Platform as a Service，PaaS）、基础设施即服务（Infrastructure as a Service，IaaS）。下面从功能角度来介绍这三种服务。

一、软件即服务

SaaS 服务供应商将软件部署在服务器上，用户只需要交付特定的费用就能获得相应的维护与管理服务，可以大大减少对服务器的维护费用，在某种程度上来说不失为一种更好的运营方式。例如，云计算 ERP 服务，用户可以根据所用软件功能的多少、数据的存储空间等因素进行付费，对于软件许可、操作系统、数据库等不需要支付费用，软件系统的设计、开发、管理、维护等费用也无须支付。云计算 ERP 服务继承了开源 ERP 免许可费用、只收服务费用的最重要特征。

二、平台即服务

如今开发环境也被供应服务的商家当成一种服务提供给用户。PaaS 服务供应商还将服务器平台、硬件资源等服务提供给需要的用户。PaaS 平台服务中还包括为个人或单位提供应用程序开发、数据库、托管等服务。例如，Google App Engine 是一个典型的 PaaS，它是一个由 python 应用服务器群（一种计算机程序设计语言，常用来设计 3D 游戏中的图形渲染模块）、BigTable 数据库（非关系型数据库，可以分配在上千台机器中，安全可靠地为用户处理高级别数据）及 GFS（谷歌文件系统）构成的服务平台，为开发者提供服务器环境与在线应用服务。用户可以使用此平台来编写软件程序并运行，从而使编写开发程序更方便快捷。

三、基础设施即服务

IaaS 服务供应商把服务器组成的"云端"基础设施提供给用户。它把存储和计算能力、计算机内存、I/O 设备等组成一个庞大的资源池，为用户提供虚拟化的存储和服务器等。IaaS 提供的是一种硬件托管服务，用户可以根据实际需要租用其硬件资源。用户不需要管理、控制任何云计算基础设施，但要控制操作程序及其选择和对于空间的分配结果，也可以控制住一部分网络组件如防护墙等。例如，AmazonEC2&S3（EC2 是弹性计算云，用户可以租用云电脑运行需要的系统；S3 是一个公开的简单存储服务云，Web 应用程序开发人员可以使用它存储文档、图片、音乐、视频等）和 IBM 的 BlueCloud 都提供最基本的设施服务租赁。

IaaS 的优势：用户可根据自身需要租用自己需要的服务，从而大大降低了客户在硬件上的资金花费。

四、云服务框架模型

云服务涉及的人员和组织机构很多，其中有服务用户、服务管理员、服务供应商、服务设计人员等。设计和开发人员开发出各种服务，用户发送服务请求，云服务供应商将这些服务提供给用户使用，按需收费或免费，供应商后台管理员对系统进行维护。

五、知名的云计算厂商及其云服务

国外云计算起步早，云计算厂商实力较雄厚，开发的语言种类很多。目前，国外知名的云计算厂商有谷歌、IBM、微软、亚马逊、Salesforce、VMware等。国内的云计算公司有中国移动、中国电信、华为、中兴、新浪、盛大等。国外部分云计算厂商及其提供的云服务见表 6-1。

表 6-1　国外知名的云计算厂商及其云服务

云计算厂商 Cloud Provider	云服务		
	SaaS	PaaS	IaaS
Google	Google Apps	Google App Engine	

（续　表）

云计算厂商 Cloud Provider	云服务		
	SaaS	PaaS	IaaS
IBM	Lotus Live		BlueCloud
Amazon		Amazon Web services	Amazon EC2 &S3
Microsoft	online 服务	Azure Platform	
Salesforce	CRM	Force.com	
VMware		Cloud Foundry	

第三节　云计算在高校图书馆中的应用与实践

一、国外图书馆云应用

2009 年 4 月，OCLC（Online Computer Library Center，联机计算机图书馆中心）公布将实施一种以 WorldCat 数据为基础的协作性管理服务，这被认为是一项云计算服务。此举开创了云计算在图书馆界广泛应用的新纪元。

2009 年 7 月，美国国会图书馆启动 DuraClou 项目，此项目旨在检测云服务应用技术的在维持数字内容永久访问上的性能。

印度基于 SaaS 的集成图书馆自动化系统 Cybrari-an 系统，也是云计算在图书馆的应用。

哥伦比亚的图书馆应用弹性计算服务来管理网站，同时用 S3 服务将系统数据备份。

东肯塔基大学图书馆应用 Google Does 获取网站回复所需资源信息，除了将 Google 日历定为培训与开会的日历外，还借用 Google Analytics 收集在线数据与图书馆的目录。

二、国内图书馆云应用

CALIS（中国高等教育文献保障系统）、国家图书馆、省市图书馆等建立了不同程度的基于云计算的联合编目系统。

基于 CALIS 十五成果、三期建设目标和未来发展，CAUS 提出数字图书馆云战略，即设计和开发 CALIS 数字图书馆云服务平台（Nebula 平台），构建多级 CAUS 数字图书馆云服务中心，将资源和服务整合，形成一个新型的服务体系，对各种服务进行动态管理和分配，满足不同层次和规模的数字图书馆的需求，支持馆际协作和服务获取，支持用户聚合和参与，支持资源的共建、共享，实现虚拟化服务。该平台共投资 2.1 亿元。2010 年 9 月，CALIS 正式向全国高校图书馆推出了基于云计算的两级云数字图书馆共享服务平台，即国家级和省级的云服务中心，为近 2 000 多所高校图书馆提供云服务。至今，CALIS 云服务平台已推广到全国 30 多个省级共享云服务中心，越来越多的高校图书馆参与整合并应用 CAUS 两级云服务。

三、云计算为图书馆带来发展机遇

云计算必将改变数字图书馆的管理模式、服务模式和功能定位。

（一）"云存储"降低了数字图书馆的管理成本

云计算简化了信息技术架构的实施，即信息技术的使用可以像人们对公共设施的使用一样，随时随地进行获取与使用，并根据需求购买。图书馆内的电子资源数量庞大，有自建的，也有购买的，无论何种形式的电子资源都可以储存到"云"上。"云存储"化解了电子资源数据剧增与存储空间不足的矛盾，化解了知识信息剧增与图书馆馆藏能力有限的矛盾，大大提高了电子资源的利用率。

（二）加快资源整合进程

云计算中的整合思想极其重要。云计算不仅具备全部的硬件能力，还可以将其存储的数据进行整合和应用。在图书馆系统内，各种资源（如电子资源、馆藏书目数据、自建数据库等）都可以被一个"云"整合在一起，构筑"信息共享空间"，即"行业云"或"区域云"，使读者能够享受到更全面、更专业的云服务。

（三）促进"泛在图书馆"服务的实现

"泛在图书馆"是图书馆的未来发展趋势，其不受时间和地点限制，能够更加灵活地获得信息资源服务。"泛在"指出了未来图书馆服务的便捷性和广泛性，而云计算恰恰为这种新兴的图书馆形式奠定了技术基础。云计算整合的对象并不止于计算机，还整合了笔记本电脑、手机、PDA、PSP、iPad 等所有移动终端，为之提供了强大的无线网络功能。随着云技术的深入应用，随时随地获取信息资源很快便能实现。

四、图书馆云计算应用案例

（一）闽南师范大学图书馆云

1. 历史回顾

旧馆时期（2008 年 4 月以前）：在服务器严重不足的情况下，一台服务器承载多个应用服务（如各种电子资源数据库服务），服务非常不稳定，还容易中毒，甚至出现操作系统瘫痪的情况。更为致命的是，某个应用服务故障会导致其他应用服务同时停止，维护相当艰难。

新馆时期（2008—2011 年）：服务器有所增加，服务应用大有改善。当前较为理想的管理模式是一台服务器承载一个操作系统，运行一个应用服务。但这种模式会造成服务器资源与经费的大量浪费，同时加大管理的复杂性（服务器的品牌、型号、安装光盘、驱动各不相同）。

2. 虚拟化技术

虚拟化是指可以随时监控服务器的承载状况，包括每台虚拟机的处理器、内存、网络、硬盘读写等的状况，可手动针对个别服务进行资源的分配，也可通过资源池对虚拟机资源进行自动分配，无须人为干涉。服务器虚拟化是将物理服务器拆分成多台虚拟服务器，然后将虚拟处理器、内存、硬件、操作系统及应用程序"打包"，保存为文件格式，以便系统的安装、维护、管理和使用。

3. "虚拟云"的建设

近年来，图书馆已初步使用 VMware 服务器虚拟化技术，实现了优越的管理模式。一台服务器承载多个操作系统，且每个操作系统可独立运行一个应用服务。这就增强了系统的稳定性，每个应用服务均可独立维护且不影响其他应用服务的正常运行，大大提高了服务器资源的利用率。

现在，图书馆已建好 2 台物理服务器，共承载 8 个虚拟 Windows 系统平台。具体应用如表 6-2 所示。

表 6-2　虚拟服务器与承载服务

服务器	承载服务
一号虚拟服务器	超星数字图书馆
	两岸关系数据库
	网页备份服务器
二号虚拟服务器	虚拟服务器管理中心
	Wisebook 外文数据库
	北大法意数据库
	经济信息数据库
	视频数据库

4. "虚拟云"的展望

未来新的服务器到位，可实现全馆数字化应用的虚拟化整合，并实现虚拟化群集的热备，从而节约经费，无须再为单独的应用购买独立的热备服务器，避免了设备的重复性采购。

未来全馆进行虚拟化改造后，可将现有的由 21 台物理服务器承载的服务整合到 4 台高性能物理服务器上。整合后，可满足未来 3 ～ 5 年馆内应用服务增长的需求。

（二）福州大学城文献信息资源共享云平台

1. 需求及方案

（1）服务器硬件配置。操作系统：Windows2000、Windows2003；处理器：2.0 GB 以上的 CPU；内存：4 GB 的 RAM 及以上；硬盘空间：500 GB 以上的可用磁盘空间。

（2）服务器配置方案：前端一台服务器做负载均衡，后台两个应用服务器互为备份；初始时期测试版本会应用最小化方案，只用一台服务器测试；当此系统较为成熟以后会再加 2 台服务器，使系统运行更稳定。

（3）元数据收割计算机硬件配置。操作系统：Windows 2000、Windows XP、Vista；1 GMHz 以上，Intel Peiitium 4；512 MB 及以上；100 GB 的可用空间。

2. 软件需求环境

操作系统：Windows 2000、Windows 2003、Windows 2008；数据库：SQL Server 2005；Java 环境：JRE1.6；Web 服务：tomcat 6.0。

3. PULINK 平台概况

"福州地区大学城文献信息资源共享云平台"，简称 PULINK，该平台由福州大学、福建师范大学等 8 所福州地区大学城高校以及厦门大学共建、共享。PULINK 平台的目标是以文献资源的建设、共享为服务中心，整合图书馆的各种资源，为师生提供书刊的馆际互借、参考咨询、文献传递等一站式服务。

4. "软、硬件云"的建设

PULINK 云平台主站设在福州大学的图书馆内，目前已完成了中心机房的软、硬件设施的第一期建设，主要硬件设备有 20 多台高性能服务器、数台千兆与万兆网络交换机等。软件方面已建成网络视频会议系统。

5. 信息资源的"云"共享

PULINK 平台整合了大学城内 8 所院校的馆藏资源，实现了图书、期刊、报纸、各类论文等文献资源的一站式检索，促成了各馆之间馆藏资源的相互调度，化解了各馆数据库版权与原文获取之间的矛盾。PULINK 平台还集成了全国 700 多家图书馆的各种电子资源，学术文献资源达 3.8 亿篇，还有大量的稀有期刊。PULINK 云建设将逐步整合 CALIS 中心的统一身份认证、教学参考、资源导航、参考咨询等系统，实现各馆资源的共享。

（三）浙江省高校数字图书馆云

浙江省高校数字图书馆，简称 ZADL，其整体架构由 1 个省中心（设在浙江大学图书馆，域名是 zadl.zj.edu.cn）和 5 个分中心组成。

浙江省高校数字图书馆下沙分中心，简称 XADL。XADL 旨在为下沙高教园区 14 所高校近 25 万师生提供有效的文献保障服务。浙江理工大学图书馆承担了 XADL 的建设。依托 XADL 建设统一身份认证与平台检索、文献传递、馆际互借等系统。图 6-1 为 XADL 体系的架构，图 6-2 为 XADL 云架构。

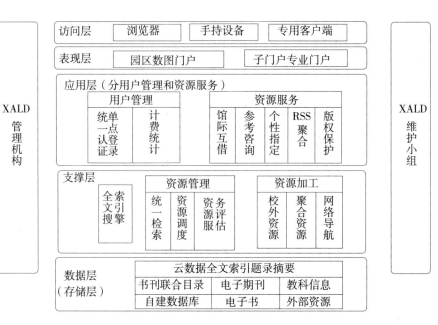

图 6-1　XADL 体系架构

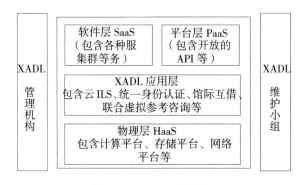

图 6-2　XADL 云架构

1. XADL "云" 技术

（1）设备资源虚拟化。下沙分中心机房的网络设备、服务器和存储设备都采用了服务器群集、虚拟化管理、虚拟存储和网络负载均衡等技术对硬件资源的虚拟化管理。在系统建设时，园区内的所有大学不需要购买硬件服务器，也不需要部署所需的服务平台。

（2）XADL "云" 应用层。XADL 向区内所有高校提供开放的 API 应用，因此区内各图书馆可集成 XADL 的所有资源，读者只要访问本校图书馆的门户网站即可获得服务。园区内的参建图书馆如需使用应用系统，可通过 Web 方式访问分中心系统平台，或者安装客户端应用程序以获得服务。例如，在光盘共建共享系统中，各高校图书馆工作人员只需下载、安装光盘加工客户端工具，制作好的光盘资源将自动上传到分中心光盘存储系统中。

2. XADL "云" 应用的展望

（1）硬件资源 "云" 展望。XADL 的服务器、网络在线设施、存储设备等资源都可以满足未来 5 年的需求。未来，规划建设直连光纤网络，依托互联网络把园区中的图书馆与用户紧密联系到 XADL 云上，各高校的硬件资源交由 XADL 保管，通过云平台加以整合利用。对于 XADL 的 ILS 云、存储云、网络云及 API 开发云等，可整合各高校馆的技术力量，成立各种云应用小组并进行统一管理。各高校图书馆的技术人员仍可在各自的图书馆办公，通过 XADL 网络云接入云管理平台，实现虚拟联合办公，实现人力资源的 "云" 共享。

（2）馆藏资源的 "云" 共享。ILS 云的建立实现了园区内图书的馆际互借。XADL 云的建立实现了各馆 ILS 书目数据的共享，各馆在进行图书采购之前可进行书目查重，以便了解本馆的藏书情况，制订科学的采购计划。除此以外，各个图书馆间的解析与比较主要通过 ILS 云完成，制定各馆馆藏资源战略，从而把有限的资金运用到特色馆的资源建设上。ILS 云的建立打破了各图书馆物理位置上的局限性，使各馆成为一个资源统一体，同时借助各馆的馆藏资源的相互补充实现纸本资源的共建、共享。通过 XADL 云存储的应用，利用文献资源共享与服务平台，各馆的自建数字资源和外购数字资源都存储在云端，无须做本地镜像，这既节省了存储空间，又解决了各馆资源的重复建设问题，大大节省了资金。

第四节　"图书馆云" 的发展趋势及未来展望

一、图书馆需要的 "云"

"OCLC 云" 的到来意味着图书馆云计算已经开始，但 "OCLC 云" 只是一朵 "私有云"，还不是人们所希望的那朵 "公有云"。图书馆的 IT 架构和应用要完全进入 "云服务" 时代，不但需要相当长的时间去发展和推进，而且需要

IT 部门、IT 产业、图书馆以及热心用户等多股力量的智慧来协同完成。

未来图书馆云平台就是要利用云技术把数字化资源通过移动终端设备展现给任何地方的用户，以实现海量的数字浏览、阅读、下载等服务，使用户能够在任意时间、任意地点，以任意终端实现以上需求。

图书馆既是云计算的使用者和受益者，又是云服务的开发者和提供者。前者是作为体验用户，后者是作为服务供应商。可以肯定的是，云服务在图书馆领域上能得到完善。有关图书馆的具体"云"服务如下。

（1）软件服务：软件服务指各种软件应用，如图书馆自动化集成系统、数据库构建系统、自动化管理系统等，这些系统都能以网络服务的形式提供给用户。

（2）存储服务：存储服务指各种数字资源，包括图书馆自建的数字资源等，这些资源都可以放在"云"端上，不需要做本地镜像。

（3）数据服务：中心图书馆作为"云"服务的供应商，提供本地数据或者其他业务的服务。

（4）平台服务：引进关于云的基础设施，利用云计算解决方案搭建"私有云"，使本地和局域应用都能得到满足。

（5）网络整合服务：图书馆作为服务的供应商，应集合各个图书馆云平台及其资源实现资源的共建与共享，让用户享受到更加全面的服务。

二、图书馆云的未来

云发展极其迅速，引发了图书馆的重大变革。未来图书馆的所有业务、资源服务、资源建设等系统都可以通过"云"来实现。到那时，图书馆将不再需要配备各种复杂的系统，只需要让少数的、大型的、肩负重任的"中心图书馆"来提供这朵"云"服务，大多数图书馆都将是这朵"云"的使用者。

未来，读者以个人身份信息登录云系统就可以获得图书查询、咨询、借阅等服务。图书馆的资源都放在"云"上，利用"云"平台进行数字资源的整合，包括馆际互借、资源共建与共享等。图书馆工作人员只要一按计算机开关便能迅速进入桌面。图书馆工作人员只需打开浏览器，在"图书馆云"的统一身份认证系统界面上输入用户名和口令，便能在系统桌面保留个性化设置。只要进入"云"，工作人员之前所做的图书馆业务和工作就都将展现在桌面上。

在"云"中访问资源、请求服务就像人们平常使用水、电、煤气等设施一样随心所欲。让我们共同期待这朵"云"的到来。

第七章 图书馆信息化管理服务创新策略

第一节　图书馆增值信息服务

一、图书馆是文献信息增值系统

图书馆拥有数量庞大的文献信息资源，是获取文献信息资源的中心。图书馆的一大功能就是文献信息资源的增值。

（一）图书馆是文献信息中心

随着社会经济的发展，我国的图书馆在规模上逐年扩大。除此以外，我国还有许多虚拟化的馆藏。这些都表明图书馆在社会文献信息系统中占据中心地位。

（二）图书馆是文献信息的整序中心

切尼克是美国图书馆科学家，他把图书馆定义为"为利用而组织起来的信息集合"。以增加附加值为目标，图书馆仔细选择高价值的信息资源，仔细分类，建立数字图书全文数据库。图书馆员通过将信息资源整理排序，可以使一次文献再生出二次文献、三次文献，也可以编制出书目、文摘、索引、摘要、评论和专题资料汇编等。图书馆将文献信息组织为较容易被获取的信息资源，为实现文献信息的增值创造了条件。

（三）图书馆是文献信息的增值中心

在信息时效内，信息可以重新被使用和消费，这就增加了信息潜在的价值。图书馆存在的社会意义在于把这种潜在的价值高效地转化为现实。文献信息的增值与图书馆服务和管理的每一种因素都有很大联系，与用户自身素养、文献信息本身的价值、信息整理排序的深度等成正比。文献信息增值贯穿图书馆文献信息采访、处理、传递、应用等环节，更体现在整个图书馆事业中。图书馆作为文献信息的提供方，经过反复输出文献信息，其信息量不仅不会减少，还会增加。读者和馆员反复利用文献信息以后，其知识和财富越来越多，他们将会生产更多更好的精神产品，促使社会的文献信息总量不断增加，这又反过来为图书馆提供了更多的文献信息资源。图书馆提供文献信息库的观念、制度、服务等方面的便利，从而将文献信息具有的潜在价值转化为现实。

二、图书馆信息增值服务的类型

（一）按信息服务资源类型划分

图书馆信息增值服务依此可分为馆藏文献信息增值服务、数据库信息增值服务、网络信息增值服务、信息咨询分析增值服务。

（1）馆藏文献信息增值服务。图书馆最基本的服务平台就是馆藏文献。我们可以通过利用文献信息把具有实用性的专题信息筛选出来，使相对静态的信息转化成相对动态的信息产品，从而让客户享受到信息增值服务。

（2）数据库信息增值服务。信息量增加及信息内容不断更新使信息产品趋向多样化。各种各样的数据库也变成当今信息检索系统中重要的组成部分，是用户查询信息的必不可缺的来源。

（3）网络信息增值服务。网络信息增多，内容多样，更新速度快，传播方式多，为用户获取所需信息提供了便利，也为网络信息增值服务开创了广阔天地。

（4）信息咨询分析增值服务。随着信息时代的到来，用户对信息咨询分析的依赖性更大。信息咨询分析需要从许多信息来源查找信息，再对这些信息进行剖析、综合、简化等操作，以产生新信息。

（二）从文献信息增值与社会需求关系的角度划分

图书馆信息增值服务依此可分为静态文献信息增值服务、动态文献信息增值服务。

（1）静态文献信息增值服务。静态文献信息增值服务主要指静态文献信息的静态增值。静态文献信息的内容被固定，不容易改变，是处于相对静止状态的，如绝大部分被印刷出版的图书报刊。加工静态文献信息更有利于检索的创新开发，即静态式开发。

（2）动态文献信息增值服务。动态文献信息增值服务分为动态文献信息的增值服务、文献信息的动态式增值服务。动态文献信息指内容反映最新情况，固化或准固化在载体上，更新快，处于相对动态的文献信息。比如，市场上的最新信息快报、股市行情等。动态式增值以满足用户要求为前提，对信息进行筛选和加工而产生符合消费者需求的服务，从而使信息增值。

（三）按信息服务层次划分

图书馆信息增值服务依此可分为传统信息增值服务、知识增值服务。

（1）传统信息增值服务。传统信息增值服务指对信息进行筛选和加工后将其提供给用户。这类传统信息增值服务以信息加工和传递为要点，以提供合适的信息为核心，其增值能力受限。

（2）知识增值服务。知识增值服务指对信息进行筛选和加工再进行创新，从而使信息更容易被理解和使用，更能满足用户需求。知识增值服务的核心是对知识的发现、转变与创新，增值潜能高。知识增值服务在现代图书馆信息服务中有着广阔的应用前景。

（四）按以信息服务者提供的信息对用户所产生影响的时间不同划分

图书馆信息增值服务依此可以将信息增值服务分为时效型信息增值服务、积累型信息增值服务、启迪型信息增值服务。

（1）时效型信息增值服务。时效型信息增值服务指提供能够被当前工作利用的信息，从而完成信息服务的增值。

（2）积累型信息增值服务。积累型信息增值服务指所提供的信息虽不是信息接收者当前工作急需的，但对其从事的工作有意义，作为积累的系统内容后具有新增加的价值。

（3）启迪型信息增值服务。启迪型信息增值服务会对获取信息的用户产生知识、视野、思想等方面的影响。和前两种服务不同的是此种服务在当下不会产生巨大的效益，但对未来信息增值有一定的影响。

（五）按信息加工的难易程度划分

图书馆信息增值服务依此可分为简单信息增值服务、复合信息增值服务、综合信息增值服务三类。

（1）简单信息增值服务。简单信息增值服务是指图书馆把获取的文献信息资源进行简单加工处理后，再根据用户需要提供给用户。

（2）复合信息增值服务。复合信息增值服务是指图书馆把所获取的信息经过简单处理、整理、结合，编制成文摘或数据库，为用户提供二次文献、三次文献的服务。

（3）综合信息增值服务。综合信息增值服务是指图书馆根据用户的需求，用专业的知识、技术、信息和先进的方法搜索、解析、研究、预测，以提供符合要求的信息服务。

（六）按信息加工深度划分

信息增值服务依此可分为传统的信息增值服务、深度的信息增值服务。

（1）传统的信息增值服务。很长时间以来，图书馆就开始通过利用馆中文献合成用户所需要的信息，如专业术语、图书目录等数据，但是缺少动态性数据库，也缺少一些新型数据库。

（2）深度的信息增值服务。深度的信息增值服务即成立特色数据库。成立特色数据库是图书馆信息增值的重要途径。特色数据库通过整合挖掘信息资源增加信息的价值。因此，图书馆基于数据集的特征，根据实际情况收集和组织信息，在相应的发展基础上深化和深加工，用不同的信息资源建立专题数据库，为具备专业特色的地区和单位开发独特的电子和信息产品。

信息咨询分析是向用户提供经过深加工的信息产品，依据用户需要进行数据收集和筛选，然后通过系统化、逻辑、数学模型等科学方法深入分析，以获得真实、有用的信息，体现信息的价值。

（七）从信息增值作用或效果是否直接来划分

信息增值服务依此可分为显性信息增值服务和隐性信息增值服务。

（1）显性信息增值服务。显性信息增值服务指信息接收者在获得的信息作用下，收获显著的社会效益或经济利益。信息增值结果显著。

（2）隐性信息增值服务。隐性信息增值服务指信息接收者拥有的信息对自身产生了正向的价值效果，其价值观、品德、思维、智慧等受到影响。图书馆运用远程教育使信息接收者的心理和教学信息相互影响，从而产生心理与知识上的同步反应。这属于正向增值，蕴含很大潜能，这种潜能的激发可以解读为信息产生了增值。这种服务不会产生明显的利益，但有极大的潜力，它的增值是在未来实现的而不是现在。

三、图书馆信息增值服务的模式

现代社会是信息化社会，因此图书馆内的信息服务要与时俱进，顺应时代发展需求，必须将重点从简单服务转化为信息增值服务，改善内部结构、运作程序、人员分配与管理方式。以下为与信息增值服务相关的四种模式。

（一）个性化全程服务模式

为用户提供个性化的服务，并在和客户不断沟通和互动过程中提供信息增值服务。目前，社会对服务的要求更加细致，用户不再满足于一般服务，希望图书馆能提供与信息服务相关的解决方案或高质量信息。这就要求将分散在某一领域或多个相关领域的有用信息加以集成，从中提炼出对客户有用的高质量信息。这些服务凝聚了知识、经验、心力、智慧等，是更高层次的服务，要求员工具有高水平的信息服务能力，全神贯注于整个过程，不仅要了解解决问题的过程，还要对用户的需求进行分析。因此，工作人员必须参与用户决策过程，并在为特定用户提供服务的整个过程中和用户进行沟通和交流，及时反馈。最后，在提供全面服务和交互信息的基础上采集、分离、加工、创造信息。

（二）团队服务模式

服务往往是提供解决问题的方案，而且不同用户所涉及的专业更广泛，因此服务团队要有水平更高、更专业的知识和服务。为实现这个目标，有必要形成一个团队进行各种组织和开发服务。首先，整个信息增值服务部门需要一个更强大的团队，可以考虑把社会生活中各方面的人才集合在一起组成一个团队，尤其要吸收一些专业咨询专家，提高团队竞争力。其次，用户也是各行各业的，工作人员需要根据用户自身特点划分到不同团队。每个小组不仅要有专家，还要有基础工作人员，注重团队合作，互相补充。

（三）集成化信息服务模式

集成化信息服务表现为以图书馆信息资源共享的广泛集成为中心，以计算机、通信、网络和多媒体技术集成到图书馆信息服务为条件。图书馆通过HIML、XML、PHP 和 JSP 等动态 Web 技术，互联网和开放 IP 地址，将全球的Web 数据库、学术期刊、商务信息等数字化资源集成到图书馆主页供用户使用；利用智能检索、远程提交、下载、BBS 和 Web Form 等为用户提供新型信息服务。这种融传统与现代为一体、集技术与资源于一身的新型服务模式就是全方位、多层次、多角度的多元一体化服务模式，其理论基础是 20 世纪 90 年代以来在图书馆界流行的全面质量管理（Total Quality Management，TQM）思想的具体实施。这一模式大多集咨询功能、信息检索功能、文献提供功能于一体，用户只需坐在自己的计算机终端前，敲击键盘，移动鼠标，就可以直接下载或通过在线订购获取自己所需要的文献信息。这种服务模式绝不是将图书馆的各个服务项目进行简单相加，而是通过内部服务机制的改进使读者满意。

（四）专业化网上服务模式

建立专业化的信息数据库和个性化数字图书馆，利用专业化的网上服务界面和网上资源向专业用户提供个性化服务。专业化的网上服务界面主要依靠建立专业网站或数字图书馆，定期动态报道专业化信息资源的最新情况、专业领域的技术动态，为专业用户提供及时的、易接近的专业信息获取窗口。提供专业化的网上资源则要求对专业进行分类和开辟专业搜索渠道，或按照不同专业的具体方向自行组织和细分数字资源。

四、图书馆信息增值服务的原则

（一）以人为本的原则

以人为本的原则是现代图书馆的重要原则，其将满足人们（包括读者和工作人员）需求视为图书馆管理的主要目标，将客户视为最重要的资源，关注用户的需求并鼓励用户参与其中，同时关注人力资源开发，力图用最好的方式满足用户需求。

（二）个性化原则

为了实现图书馆信息服务的最大增值，必须开始评估未来可预见的读者对信息需求的变化，再整合各种各样的资源与服务，使服务系统能够面向服务、相互协调，动态适应用户需求的变化。

个性化是未来图书馆信息服务的趋势。用户选择的多样化和个性化导致知识与信息存在差异。因此，图书馆需要根据用户需求，利用网络的独特优势为用户提供订制的信息和知识服务。

（三）时效性原则

知识信息资源在不断发展更新，其效用会随着时间的推移而逐渐衰减和消失。知识信息产品的时效性直接关系其价值。它包括两方面的内容：一是及时对产生的知识信息进行处理；二是将产生的知识信息及时报送给信息使用者。

（四）科学性原则

信息增值服务要遵从信息的传播规律，根据用户要求，结合信息增值原理和特征，运用科学的方式提供服务。给用户提供的信息应具有针对性、客观性、公正性、真实准确性、时效性。

（五）创新性原则

信息是知识创新的源泉。创新性原则指先清楚用户的需求及其变化，再由此改变自身的服务范围、服务对象等，不断进步更新，顺应时代发展要求，创新服务种类。创新不仅是知识或技术的进步，还应顺应市场需求的变化。

五、图书馆信息增值服务的方法

（一）信息深度开发

信息深度开发包括以下几方面：①定题开发和跟踪开发；②文摘的开发；③目录、索引的开发；④综述、述评的开发。

（二）数字化资源建设和特色数据库开发

信息增值效果最显著的方法是借用最先进的设备完成信息、网络、智能化、数字化的管理和信息处理。数据库是挖掘并使用信息资源的基础。根据一些学科特色与地方特色的各种文献进行开发的具有独特内容的数据库称为特色数据库，是将地方特色文献，区域经济、政治、文化、科学、技术、文学、风俗和历史古迹等汇集在一起建成特色数据库，如地方文献数据库（北京图书馆）、服装文献数据库（北京东城区图书馆）、长江流域资源环境科学文献数据库（中国科学学院武汉文献情报中心）。

（三）专业代理信息检索

随着网络的发展，越来越多的人难以从信息的海洋中找到确切信息。在当下的网络中，所有类型的用户都希望获取有效的信息，他们要求信息能准确地回答他们的问题，而非一个任意的答案，更不是相关的信息或线索。信息技术的飞快发展促使专业代理的信息检索服务产生并拥有了极大的发展空间。数据代理检索服务主要是代理用户获取需要的资料。除了一些较为原始的检索方法如纸张文献检索，还包括计算机检索、光盘检索、网络信息资源检索（下载）等现代化方式。

（四）信息咨询

信息咨询以信息交流为基础提供高附加值的服务，其主要根据不同用户的要求，运用自身能力、知识、技能和经验，对信息进行解析、结合、焦点转换等一系列的活动，为用户提供专业的检索线索、方式、办法以供其挑选，从而使信息和知识可以转化为生产力，促进经济发展。信息咨询是专业人士在网络环境下通过多途径调查，并结合不同类型的数据资源、网上信息等进行分析、推理，得出结论并指导实践，最终获得经济或社会效益。

（五）开展个性化的信息服务

个性化信息服务是指通过利用现代信息技术与数字化信息资源，为用户提供信息和服务，用户可以根据个人的信息需求提出各类要求，这也是一种对传统服务的延伸、深化与创新。它针对不同的客户需求，采用不同的服务方式，并提供不同的服务内容。

第二节 图书馆知识服务

一、图书馆知识服务的概念

知识服务是一种认识和组织服务的观念，在知识经济背景下，知识服务已成为一种新的服务观念，是对信息资源的深层次开发和利用。通常决策机构、科学研究课题组或研究者个人是知识服务的对象，知识服务是以信息知识的搜寻、组织、分析、重组的知识和能力为基础，然后根据用户的问题和环境，融入用户解决问题的过程之中，并且为用户提供能够有效支持知识应用和知识创新的服务。知识服务与传统知识信息服务的不同点体现在以下两个方面。

（一）观念方面

（1）知识服务是用户目标驱动的服务，其注重的结果是"通过我的服务，您的问题是否解决了"，而不是"您需要的信息我是否提供了"。传统信息服务的重点和目的则是信息资源的获取和传递。

（2）知识服务是面向知识内容的服务，它以互联网为介质，非常重视用户需求分析，根据问题和问题环境确定用户需求，通过信息的析取和重组形成恰好符合需要的知识产品，并能够评价知识产品的质量，因此又被称为基于逻辑获取的服务。传统信息服务则是基于用户简单提问和基于文献物理获取的服务。

（3）知识服务是面向解决方案的服务，它致力为用户提供不同问题的解决方案。因为信息和知识的作用主要体现在为用户提供解决方案，而构思解决方案的过程又是一个对知识和信息不断筛选、组织、分析的过程，形成和完善解决方案是知识服务的中心。而传统信息服务满足于具体信息、数据和文献的提供。

（4）知识服务以为用户提供解决问题的方案为宗旨，这一宗旨贯穿信息知识的查找、筛选分析、捕捉、拆分组合等整个过程，应定期与客户联系，关注客户的需求，并及时提供解决方案，满足用户的需求。传统信息服务则是有固定服务流程和各负其责的局限性的服务。

（5）知识服务是面向增值服务的服务。它关注和强调利用自己特有的能力和知识，对现成文献进行加工形成新的具有独特价值的信息产品，为用户解决他的知识和能力所不能解决的问题。知识服务渴望自己的产品和服务能够通过知识和专业能力为用户创造价值，通过提高用户知识应用效率和知识创新效率实现自身价值，通过帮助用户解决非常难或很关键的问题实现自身价值，而不是单纯地基于资源占有、规模生产、"劳务"服务等体现自己的价值。

（二）服务方式

（1）知识服务不是基于信息机构的服务，不是游离于用户之外的服务，而是融入用户之中和用户决策过程的服务。它需要用户和服务人员联系得更紧密，要求像特聘法律顾问、主治医师、项目监理等一样建立针对具体用户或用户过程的服务责任机制。

（2）知识服务是基于专业化和个人化的服务，而不是"批发"性的服务。"专业化"要求按照具体专业或课题领域组织和实施服务，保证对用户问题和用户环境的把握，保证知识服务的质量。"个人化"要求针对具体用户的具体需要和过程提供知识服务，保障对用户决策过程的跟踪和对口服务。

（3）知识服务将是基于分布式多样化动态资源系统的服务，而不是基于固有资源或系统的服务。它将是虚拟化的服务，充分调动和集成各种资源、系统和服务来支持知识服务的功能和过程，因此它不属于也不局限于某一个图书情报系统。

（4）知识服务不是依靠大而全的系统的服务，而是基于集成的服务。它遵从开放式服务模式，通过系统集成、服务集成、团队协作等各种各样的方式联合、调节，利用各种资源、人员、系统、服务组织和提供知识服务。

（5）知识服务不再是标准化和事务性的工作，而是基于创新、自主的服务。它要求知识服务人员根据每一次的实际情况动态地搜寻、选择、分析、利用各种知识，动态地设计、组织、协调和安排相关的产品形态和服务工作，要求知识服务人员具有自主的管理意识，具有创新精神、研究能力和管理能力，并且要建立相应的管理机制。

二、图书馆知识服务的特性

（一）以用户为中心

知识服务的对象是图书情报机构等信息机构的用户，所以最后会由他们评价知识服务的好坏。知识服务的根本原则是"以用户为中心，以满足用户知识的需求为目标"。图书情报机构的一切工作和服务活动都要以此为最根本的出发点，了解用户的动态性知识需求，总结用户的知识需求规律，再根据用户的实际情况向用户提供最合理、最有用的知识信息，提供理想的知识产品，提升服务的针对性，把充分利用图书情报机构的知识放在重中之重，融入用户解决问题的过程之中，从实际角度出发解决用户的问题，使用户能够迅速地获取所需的知识并且解决实际问题，使用户能够满意。

（二）突出个性化

从用户的角度看，知识服务可以为用户提供最好的解决问题的知识方案。不同的用户有不同的问题，即便用户需要解决的问题一样，也会受到环境因素的影响，因此知识服务要为用户提供与不同阶段相对应的方案，而且为用户提供的方案可以随情况而改变且是唯一的、特有的。通过了解用户的具体需求和信息偏好，建立个性化的知识服务体系，采用适当的服务方式帮助用户寻找知识，为其提供具有针对性的解决方案。

（三）基于知识组织，实现知识价值

对知识的使用是知识价值的重要体现，并且知识被使用的频率越高，知识的价值就越容易得到体现和提升。知识服务就是把知识的价值实现定位于满足用户的知识需求以及解决用户的实际问题上。知识服务重视用户知识需求中的知识内容，从大数据中找出有用信息，对信息进行分类、组织和描述，揭示信息内容，分析隐含的知识关联，从而找出与用户需求相匹配的知识，并且用科学的方法展现给用户。

在知识组织的基础上，知识服务为用户提供了知识。用户在运用知识的同时，知识的价值得到了实现，知识服务的效用也展现出来了。

（四）综合集成系统性

开展知识服务需要将知识、人才、技术等信息资源有机地整合在一起。知识服务提倡图书情报机构之间形成服务联盟，创建相对和谐的、对外开放的组织体系，采用虚拟的运作方式，集成多种多样的资源、人力、技术和系统，从

而实现信息服务的集成化、系统化、层次化和全面化。在这种综合集成的服务系统中，人是一个不可或缺的组成部分，有着不可替代的作用，这也是综合集成不同于一般集成的地方。知识服务人员是提供服务的主体，需要具有较高的能力素质，既要有整合各种资源的能力，又要有组织协调能力。

三、图书馆知识服务的发展历程及目标

（一）图书馆知识服务的发展历程

现如今，图书馆提供的是以用户为中心的服务，而不是以文献资料为中心的服务，从一般服务到现在的高层次服务，从以前的信息服务到现在的知识服务，经历了漫长曲折的过程，在这一过程中，社会信息环境逐渐形成。信息资源的不均衡分布不但有了明显改善，而且信息检索和传递走向非中介不均衡、非专业化、非智力化，传统信息服务逐渐淡出用户的视野。同时，在市场经济的冲击和信息技术的发展面前，各类网络化信息服务系统在逐渐确立自身在网络信息服务中的主流地位，在这样严峻的形势下，信息服务市场与各种学术交流体系的重组便成为将来的趋势。这意味着图书馆将面临巨大的危机，会逐步丢失拥有的用户、地位，在用户信息活动与社会学术信息交流体系中，传统主导地位将被严重削弱甚至丢失。图书馆要解决这些问题，就要有足够的信心，迎难而上，提供高品质的服务。

图书馆知识服务的发展历程表明，社会发展、经济增长、科技进步和文化繁荣以及由此引发的用户知识信息需求的变化是图书情报机构知识创新及服务变革的根本原因。在新形势下，图书馆只有在知识服务工作中注入新的内涵与内容，才能维持在用户信息活动中的智力贡献、效益贡献和影响层次，也才能真正增强自身生存与创新的能力。

（二）图书馆知识服务的目标

知识创新是知识经济发展的原动力，也是知识服务的灵魂和目标。知识创新是一项更新知识的实践活动，它不仅需要相关的研究部门从事知识的生产，还需要工作人员和相关的机构对信息进行收集、加工、分类，以促进知识的应用。在图书馆的发展进程中，知识服务取代了传统的信息服务。知识服务是一种面向知识创新、知识传播与知识应用的服务方式，数字图书馆的知识服务就是以传统图书馆的知识服务为基础，综合利用多种信息技术和网络技术，为用户提供数字化和网络化的知识与价值的过程。它包括数字参考咨询服务，基于

网络化的个性化的知识服务为基础。就图书馆的功能实现而言，知识创新是前提，知识服务是目的。

知识服务需要图书馆提供知识和知识中介，与网络服务结合起来，发展网络参考咨询服务，运用知识营销的理论与方法，充当"知识经纪人"的角色。在知识经济时代，直接支持用户知识应用和知识创新过程的知识和能力成为图书馆的核心能力。基于这种核心能力的知识服务是图书馆实现其社会价值、参与知识市场竞争的有效手段，所以需要积极完成以下目标：

1. 拓展用户满意度之外的空间

为了适应经济发展和知识创新的需要，知识服务会根据用户的实际情况搜索和选择相关信息，然后对现有文献进行加工后形成新的知识产品，为用户解决其知识和能力所不能解决的问题。知识服务的目标和实现方式是知识创新。知识服务通过梳理和把握知识之间的相互关系为用户提供有利用价值的信息。

2. 形成与完善解决方案

知识服务的核心和目标是为用户提供解决问题的方案。应围绕此目标对相关知识和信息不断地进行查询、分析、组织、创新、集成。通过用户需求驱动解决方案的形成，达到形成符合用户要求的知识产品服务的目的。

3. 面向增值服务的努力

知识服务是面向增值服务的服务，强调利用自己独特的知识和技能，对文献进行加工，使之成为有新的价值的信息产品，解决用户不能自己解决的问题，通过知识和专业能力为用户创造价值，通过提高用户知识应用效率和知识创新效率实现价值。

4. 服务内容个性化的方向

知识服务十分重现用户的需求分析，强调掌握用户的习惯和用户个性等信息，主动为用户提供其可能需要的服务。个性化服务在提供高品质的知识信息的同时，强调了用户对知识服务的品质和数量的满意程度，努力使用户对数量以及质量的满足度达到极限。

四、图书馆知识服务的运营模式

到现在为止，虽然对知识服务的理论和实践还尚在摸索中，但是参考其他类型知识服务的经验和国内外图书情报机构对知识服务的探索，我们能够制定出基本的知识服务运营模式。

（一）基于分析和内容的参考咨询服务

这种服务以图书馆参考咨询服务为基础，将咨询服务的阵地置于图书馆信息服务的前沿和中枢来体现其中心地位（前沿化和中枢化），通过将人员按专业分工来保证他们对专业知识和专业资源的掌握，通过按咨询问题类型分工促进核心咨询服务的分析性和智力内涵（智力化），通过集成化地组织馆内外咨询资源和技术系统提高咨询服务的效率（集成化），通过提供强有力的分析组织技术与工具保障咨询服务对内容的有效分析和对信息的重组（内容化），通过稳定的个人化的经常性接触和跟踪服务建立用户对咨询服务的信任。

（二）专业化信息服务模式

专业化的信息服务模式是根据专业领域组织图书馆信息服务，从而提高信息服务对用户需求和用户任务的支持程度。例如，许多国外的大学图书馆运用垂直组织方式彻底改变了按照业务流程安排人员的方式，让图书馆馆员全面负责一个专业领域的信息资源建设、信息分析组织、参考咨询、用户教育等工作；西南财经大学则是组织专门的部门负责专门学科领域的需求分析、信息资源分析、信息检索和报道、参考咨询服务，而采购、编目、流通以及技术系统等支持则由图书馆的其他部门提供；清华大学将图书馆馆员分配到各个院系中作为信息服务联络员，负责与该院系相关的信息需求、跟踪分析、信息资源建设、信息检索与咨询服务、用户教育和用户信息系统建设咨询等工作。许多图书馆还建立了课题信息服务顾问方式，为重要用户和重要任务分配专门的信息服务顾问，保障个人化联系、一站式服务以及服务的预期性和智能化。

（三）个人化的信息服务模式，特别提出针对用户的需求提供连续的服务

个人化信息服务模式一方面体现在参考咨询等以解决用户的具体问题为基础的灵活服务中，另一方面也将融入系统和组织体制中。例如，建立图书情报系统的个人化界面（与搜索引擎的个人化主页相似），针对具体用户提供专门的"系统"界面（如在用户接入系统时为用户提供动态的、量身定做的新书通报、定题选报、新闻服务）。个人化信息服务模式注重开发信息服务系统的个人化处理功能，根据用户知识和使用情况分析检索要求，优化检索过程，选择检索结果，并将个人化界面和用户利用的其他服务集成起来，形成"用户个人的图书馆"。个人化信息服务模式可以协助用户开发个人化的信息资源系统，并利用图书馆的系统能力支持或联结这类信息资源系统。

（四）团队化信息服务模式

在通常情况下，知识服务是通过团队人员合作完成任务的。总体来说，团队化信息服务模式包括两种形式：一是通过团体合作提供服务，如把资源开发、信息组织、参考咨询、用户教育和信息技术支持等方面的人员组成工作小组完成任务，或者将不同专业领域和不同图书情报机构的信息服务人员组织到团队中；还可以吸收用户或外部专家组成小组，提供高效率、高质量的知识服务。二是加入用户的团队中，作为团队中接收信息、应用知识、解决问题的内在成员服务于用户。例如，为课题组、专家个人、课程或专业学术活动配备信息助手。

（五）知识管理服务模式

站在用户的角度和立场，进行知识的收集及获取管理，包括对外部知识的跟踪、检索和获取，对内部的知识尤其是隐藏知识的跟踪和获取；进行知识的组织和检索管理，利用信息技术及数据库技术，在错综复杂的知识信息流中找到新的知识点，发现知识间的联系，将其组织到按照一定知识体系组织的数据库中，并且应用计算机和网络相关技术使工作人员能够较为快速地检索相关的信息资源和数据；进行知识交流和知识匹配传送管理，应用数据库和计算机群件系统、工作流管理系统等工具，使工作人员能够快速地与其他人进行知识信息的交换和应用，促进员工间及时广泛地交流和共享知识；进行知识利用的管理，利用专家系统、专门分析工具、决策支持系统等支持工作人员对知识的分析和运用，利用管理系统将知识的应用有机融合在日常生产经营过程中，并将产生的新知识迅速地组织到整个知识管理体系中；进行知识共享和知识创新环境的管理，建立和发展各种管理手段和机制，鼓励员工共享知识和进行知识创新。

当然，有效的知识服务将是上述各种模式和其他可能模式的动态选择与组合。值得一提的是，知识服务不排斥以藏书建设、文献编目、文献检索等为基础的传统的图书情报服务。只不过这些服务将不再体现图书情报工作的核心能力、专业取向和标志性内容，将主要作为辅助性的后台服务来支持知识服务，而知识服务将是我们的旗帜、发展杠杆、市场卖点、竞争基础以及"利润"所在。

五、提高知识服务效率应重视的问题

知识服务以知识资源的占有为支撑，以知识组织的有序活动为基础，此外

还以人类的活动为依托，知识服务主体的组织结构与开展知识服务所处的环境都会在不同程度上影响知识服务的效果。目前，各国图书馆往往更重视前者，却忽视了人类活动、知识服务主体的组织结构、开展知识服务所处的具体环境，因此笔者要对相关问题进行探讨。

（一）人力资源问题

一般来说，数据不会自动转变为信息，信息也不会自动转变为知识，实现从信息到知识增值的关键要素是人，增值强度依据人的隐性知识的不同而不同。隐性知识的投入比例越大，信息的增值幅度越大。另外，图书情报工作者既是知识组织的承担者，又是知识服务的实施者。所以，知识服务的保障是人力资源，一定要重视人力资源的建设问题。

加强队伍建设：图书情报机构要想开展有效的知识服务，要想在市场竞争中立于不败之地，最重要的是培养具有高素质的市场人才。知识服务的目的是为用户提供解决问题的方案，而不是单纯的文献信息，这就需要更高素质的知识服务人员。正因如此，图书情报机构一定要创建一支高素质的知识服务团队。由于知识服务是一种全新的服务理念，是一种基于人力资源和智力资源的服务，在知识更新、网络化进程飞速发展的今天，单一的信息管理专业人员、计算机专业人员和外语专业人员已不能满足知识服务的需要，而既懂得计算机应用技术和外语工具，又精通一门或几门专业知识，同时具有信息管理技术和服务意识的复合型人才才是知识服务最需要的。因此，除了大力引进、培养复合型知识服务人才外，还要大力倡导团队精神，营造浓厚的团队学习氛围，全面提高知识服务人员利用知识、创新知识的综合能力。

提高人员的素质：高素质的人才是实现知识服务的关键。知识服务对知识服务人员的素质和能力提出了更高的要求，因此知识服务人员必须加强学习力度并且坚持不懈，提升自己的综合能力。首先，知识服务人员应具备知识分析与决策分析能力，这些是从事知识服务工作所需要具备的首要能力。知识分析能力是指对用户知识结构与社会知识体系进行分析的能力，是迅速发现用户所需的知识的能力。决策分析能力是以分析用户的特定问题和联想相关知识为根本，帮助用户形成解决方案，从而正确决策的能力。其次，知识服务人员需提高知识组织和开发的能力，这是知识服务的基础能力。知识服务必须基于对知识的正确分析和运用，对信息中的知识进行合理组织和有效开发。在网络知识时代，面对全新载体的信息资源、全新观念的客户、全新学科领域的知识，知识服务人员必须要有较高的业务水平和工作能力，成为知识服务的引领人、工程师和专家。

（二）图书情报机构的组织结构问题

"组织"这个词有两种词性，即动词与名词。如果想要提升知识服务的质量和效益，只注意作为动词的知识组织是不能满足要求的，还要注意作为名词的知识组织的建设问题，即应将图书情报机构建设为知识型组织，从另一方面支持知识服务。创建一个面向知识服务的知识型组织可以在很大程度上提升知识服务的水平和能力，实现组织的健康发展。

构建面向知识服务的组织结构：一般来说，组织结构主要涉及组织内的各种各样的构成因素及其相互关系。为提供更好的知识服务，图书情报机构在创建组织结构的过程中，一定要以关心和满足用户的需要为目标，将原有组织体系和服务过程进行根本性地思考和彻底地再设计，利用现代信息技术和管理手段，最大限度地实现服务功能与管理职能上的集成，建立过程型结构，改善服务功能与外界环境的关系，提高服务的效率与质量。这就要求图书情报机构一方面，必须通过分权建立多决策中心机制，提高组织系统的运行效率；另一方面，又要使独立性日益增强的系统要素以柔性的方式有力地结合起来，使组织系统具有内聚力。面向知识服务的知识型组织应该是横向发展的网状结构，具体来说就是把分散的业务流程合理地整合在一起，使不同部门间的界线淡化，建立柔性的组织结构，从根本上打破原有的管理模式中金字塔式的等级制度，使组织模式成为管理信息系统支持的柔性化网络结构。众多图书馆现行的管理体制及其组织原则是集中式的，不利于调动图书馆各部门的积极性和发挥个人的潜在能力。图书馆构建面向知识服务的知识型组织结构的关键是要淡化图书馆上下级之间的界限，强调整体作用，领导决策组是整个工作流程的协调中心，而不是上级；另外，要弱化图书馆业务分工的界限，对工作内容相同或相似的部门进行合并重组，对新出现的业务内容应加以重视，突出强调图书馆从以机构为中心转为以用户为中心，从资源驱动转为服务驱动的集成管理特点。

构建面向知识服务的组织文化：知识型组织的一个重要特点是具有非常强的创新能力和组织应变能力。要想使图书情报机构真正成为有利于知识创新和共享的协同系统，只有组织结构和技术上的创新是远远不够的，还要建立"以人为本"的组织文化，形成组织的精神内聚力。图书馆馆员应该不断强化创新意识、共享意识、协同发展意识，因为创新、共享、协同发展作为一种文化组合，如果成为知识工作者自觉的价值取向，将为知识性组织提供无形的精神内聚力，成为知识型组织实现持续创新的前提条件，从而为知识型组织创造一个以创新、共享和协同发展为共同理念的文化氛围和环境。

（三）知识服务应与网络背景 Web 2.0 相结合

Web 2.0 是互联网的一次理念和思想体系的升级换代，它是由原来自上而下的由少数资源控制者集中控制主导的互联网体系转变为自下而上的由广大用户集体智慧和力量主导的互联网体系。它是以用户为中心的互联网，让用户参与内容创造是其核心理念，从而可以更好地变革互联网的内容组织与信息传播。Web 2.0 不仅是一种技术，还是一种态度，"创新、以人为本、开放、实用、易用"是其表达出的最直接的态度。但是，作为一种网络应用，Web 2.0 是以用户对信息的有效获取和应用为目标的。Web 2.0 发挥的是个人的力量，个人深度参与到互联网中，而不是作为被动的客体。Web 2.0 发挥的是自组织的力量，个人与个人之间、个人创造的内容与内容之间以及个人积聚的群体与群体之间都是以不同的自组织方式架构起来的。

以用户为核心，以提供给用户充足的知识需求为目标是知识服务的特点和根本原则。图书情报机构的一切工作和服务都要以此为根本出发点，了解用户的动态性知识需求，研究用户的知识需求规律，为用户提供准确、全面的知识信息，提供加工后的知识产品，加强服务的针对性，强调充分利用图书馆情报机构的知识资源和智力资源，融入用户解决问题的过程，帮助用户快速获取知识并把知识应用到实际中去，使用户满意。以人为本是 Web 2.0 的精髓，因此，Web 2.0 和知识服务在理念方面的相同性为两者的结合奠定了基础。

在当今时代，单纯地被动接收所需的知识信息已经不能满足图书馆用户的需求，他们希望拥有更多的自主性、更大的交流空间，最大限度地与他人共享知识，从而更好地进行创新活动。众多的 Web 2.0 的服务，尤其是 RSS、Wiki 和 Blog 在满足用户提出的新要求的同时，向图书馆揭示了网络环境下拓展图书馆信息资源，延伸图书馆信息服务，实现与提升图书馆服务理念的无限可能。收集数量庞大的 Web 2.0 信息资源也应成为图书馆丰富馆藏的一个重要手段。一方面，图书情报机构可以进行相关的尝试，如把 Blog、Wiki、RSS 等技术纳入服务体系中，创建一个知识共享与交流的平台，使用户与用户间、用户与馆员间、馆员与馆员间的互动与交流更方便快捷。另一方面，图书情报机构应该将多种 Web 2.0 的内容纳入"馆藏资源"中，丰富馆藏内容。在将 Web 2.0

的内容纳入"馆藏资源"的同时，需要注意信息质量的把关问题。因为在 Web 2.0 环境下，信息发布比较随意和自由，导致部分信息质量不高。为提高信息内容的质量，图书馆可以通过组建由多个管理员组成的质量监控团队，对信息内容进行控制与过滤。他们的工作与传统的"守门人"相似，但是他们进行质量控制的时间阶段不同，"守门人"是事前控制，即在发表之前进行过滤和筛选，而管理员是事后控制，即在信息发表之后进行筛选、组织和整序。这样既可以保证信息发布的自由，又能在一定程度上保证信息内容的质量。

第三节　图书馆信息化服务研究

社会信息化和信息社会化潮流的合力推动使人们的生活领域正在发生革命性的变革，作为以"知识宝库"自诩的图书馆，更要以信息化服务为图书馆建设的重中之重。

一、信息化服务的前提、基础、误区

（一）新观念、新态势是信息化服务的前提

图书馆走过了漫长的历程，已然成为人类文明中不可或缺的部分。现如今，人们的思维方式以及社会生活节奏都发生了重大变化，这是由不断发展的科学技术以及竞争激烈的现代市场经济导致的。所以，图书馆如果继续陶醉于历史的辉煌，必将被现代信息服务机构取代。谁都没有办法逃避这"优胜劣汰"的事物发展规律。因此，图书馆必须转变职能，迎难而上，求得生存发展的空间。为实现这个重大的战略转移，要先改变图书馆的陈旧观念，有了新观念，才会出现新的发展态势。图书馆转变职能要有九个方面的新观念：

1. 智力资源观念

现代图书馆的社会地位取决于对信息资源的利用能力、管理模式的升级、服务人才的培养，以"智力资源"的开发度表明自身的存在价值。因为在信息的海洋中，无论藏书如何珍贵、数量如何丰富的图书馆都只不过是沧海之一粟。只有"开发信息资源，服务五化建设"，变"知识宝库"为"智力资源"，走资源共享的道路，图书馆才能有适应社会的生存发展能力。

2. 文献深加工观念

传统图书馆是以图书为主体，继而才是围绕图书展开的一系列业务活动，包括查阅、收藏、管理、借阅等。因此，分类编目是图书馆重要的业务活动。而过去的图书馆馆员常常满足于"读书读皮，看报卷题"的浏览方式，很难深入到文献的具体内容中去，只能充当经济建设的后勤。而信息化时代的情报信息对社会起着决定性的作用，谁拥有信息，谁开发的信息最新、最深，谁就掌握了竞争的主动权。因此，文献资源的利用重点也必须从以图书为主体转移到以资料、杂志、检索工具乃至数据库为主体，加工时就不能只满足书名而要深入篇名甚至数据来报道文献信息的内容。这样，通过信息的深度加工和重新组合就可以产生更多的综合性的新知识，信息自然就能作为科研的第一线工作而存在，对社会服务起着"有求必应，跟踪服务"的智囊团作用。由此可见，文献加工的深浅度是图书馆开展信息化服务的前提和基础，决定着图书馆行业社会职能作用的大小。

3. 信息专家化观念

传统的图书馆常以掌握"知识宝库"大门的钥匙自居，但是这种"看门人"的观念严重地束缚了图书馆馆员的知识更新，常常失去追赶科技发展新潮流的机遇，故步自封是导致图书馆社会地位"江河日下"的思想根源。在当今社会，人们对信息的需求急剧增长，科学技术向纵深发展，给图书馆工作带来了发展机遇，图书馆应打破壁垒，加快知识更新，优化成才环境，拓宽成才道路，严格成才标准，为大批信息专家的成长创造条件。据调查，图书馆工作只有从知识大门之外进入学科领域之内，由"看门人"变为信息顾问，图书馆的服务质量才能登上一个新的台阶，开展信息化服务才能有较广的社会响应度。

4. 现代化管理观念

传统的图书馆管理可概括为手抄、眼看、腿跑和肩扛，体力劳动量很大，这种笨重落后的手工劳动既不符合社会信息化的潮流，又缺乏对高文化素质劳动者的吸引力。随着科学技术的进步和市场经济的发展，情报信息海量化是必然的发展趋势，因此图书馆必须引进电子计算机、光盘和现代通信网络等实现分类编目、管理和检索利用的自动化、高速化和缩微化。只有用现代化的设备进行管理，才能改变图书馆的被动落后状态，从而增强图书馆对社会的吸引力。

5.标准化观念

图书馆是历史的产物。那些散发水墨清香的书页历久弥香。但是，图书馆分类编目五花八门，参考工具书编排方式标新立异，图书馆设备也各成体系，不便于现代化管理。特别是当信息资源共享扩展到国际范围之时，标准化管理可以说是势在必行了。标准化是一切现代化的基础，它打破了时间和地域的限制，融汇了不同的文化与语言，为科学技术的交流和市场经济的发展铺平了道路。因此，标准化也是图书馆信息化服务的前提。图书馆实现社会信息化和信息社会化的关键就是标准化，标准化的顺利发展将促使信息资源共享朝着纵深和宽广的方向发展。

6.多功能综合服务观念

信息时代，图书馆不能再单纯以书刊文献的管理利用为唯一的社会职能。如今，多媒体技术已经集情报信息的视、听、写、记功能于一体，朝着多载体、多功能、高效用和密集化的方向发展。因此，图书馆必须树立多功能综合服务的新观念。

7.以用为主的观念

图书馆的服务职能由藏到用反映了社会的进步。在信息化时代，由于电子出版物等各种文献载体形式的出现，其收藏费用日益昂贵，同时图书馆的收藏没有必要都自成体系，完全可以通过现代技术媒体和通信网络加速情报信息的传递和利用，图书馆应从"藏用结合"转到以用为主的轨道上来，最大限度地满足用户的信息需求。

8."用户至上"的观念

图书馆的服务理念是"为人找书，为书找人"，形成这种理念的根本原因在于图书馆封闭与用户交流的渠道。如今用户对信息的需求越来越大，但没有时间到图书馆查阅图书，而信息源的庞杂与分散使用户难以快速地在有限时间里找到自己需要的信息，这就迫使图书馆将工作重心放在服务观念与服务方式的转变上，树立"用户至上"的服务观念，从"为人找书"变成"为人找信息"，变参考咨询为信息咨询，使图书馆直接与社会挂钩，向咨询服务主动化的方向发展。

9.竞争观念

图书馆一直以来被认为是读书治学的"世外桃源"。但在经济时代，"物竞天择，优胜劣汰"，图书馆也必须跟上脚步，只有努力进取、勇于创新，才能站稳脚跟，不被时代抛弃。

（二）新领域、新内容是信息化服务的基础

信息时代的高速发展往往也伴随着危机，在"信息爆炸"时代，各种冗杂、虚假的信息也接踵而来。为了发掘一条价值较高的有用信息，要有"沙里淘金"的劲头。因此，图书馆的信息化服务是一项难度很大的社会化服务活动。社会对信息的需求和信息对社会的作用日益多样化和复杂化使图书馆信息化服务出现了许多新动向：

（1）成熟的单本著作价值降低，取而代之的是一些具有新观点、新原理的科学论文。

（2）从需要整本文献变化到需要文献中的某一篇、某一章、某一句甚至某个数据、符号，而且信息的针对性越强越好。

（3）从宏观世界范围新颖信息的收集、提供转变为需要发明最快和实力最强的某个国家、某个科研机构、某个企业集团的某项成果等微观的原始资料和图表数据，而且越具体越好。

（4）从需要单科的学术信息转变为需要各方面整体性、系统性很强的综合信息。

（5）从需要微观世界的一个区域、一个单位的专门信息转变为需要多个地域甚至全世界的综合信息资源。

（6）从需要库存文献中的"死信息"到需要开发和整合经过激活后的"活信息"。

（7）人们的信息活动从以往科研人员对思考、定题、收集资料、实验、写作等每道环节都事必躬亲发展到向有关信息中心查询事实、数据等动态性信息，对图书馆、情报信息部门的依赖程度越来越高。

（8）人们对信息的需求广泛，特别是要求决策性的信息完整充足，内容可行可信，科学论证数据准确无误，即快、新、广、全、真、准。

（9）人们对信息利用的载体已经从纸质印刷品发展到缩微型信息媒体、视听型信息媒体、计算机阅读型信息媒体等，这些现代技术在图书馆的应用极大地开拓了信息化服务的新领域，增添了信息化服务的新内容，提高了图书馆的服务质量与服务效能。

（10）信息检索的方式由手工向联机网络方向发展，增大了信息化服务的时空跨度，既克服了图书馆的时空障碍，又缩短了延时通信的时间距离，提高了文献的再现率和精准度。

（11）公用数据库和联机传输网络的建立与运行，从宏观上极大地补充了图书馆的库存容量，有效地解决了图书馆难以解决的"拒借率"问题，提高了图书馆信息化服务的社会声誉，有利于现代图书馆形象的塑造。

上述几个方面的内容是图书馆不断发展的新领域和新内容，是网络时代图书馆信息化服务的基础。高校图书馆在开展信息化服务的过程中，要有针对性地从实际出发，不要贪大求全，不要任意拔高和攀比。图书馆信息化服务应遵循以人为本的原则，转变观念，拓展领域，积极稳妥地实现图书馆服务重点和服务方式的战略转移。

（三）图书馆信息化服务的误区

图书馆信息化服务是指图书馆利用先进的科学技术将馆藏文献信息单元化、服务手段现代化、服务内容针对化和服务方式主动化的一种服务模式。图书馆信息化服务不是各种社会性质的根本改变，只是图书馆的社会职能转向了以人为本。在实现图书馆信息服务化的过程中要避免形式主义，以防陷入各种误区，招致图书馆事业的整体损失。

1. 图书情报一体化

"图书情报一体化"是我国图书馆界于 20 世纪 80 年代初期提出的，其用意是想改变图书馆社会参与度不高的现状。有人认为，如果将图书馆工作与情报工作合并，其社会地位就会提升一个档次。作为一个动机和效果的统一论者，我们不仅要看其动机，还要观其社会效益。

实践证明，图书馆的服务工作不仅没有根本性的起色，还使许多高等院校的情报信息工作受到很大损害。"图书情报一体化"出现动机和效果严重脱离的原因是图书馆界某些理论工作者只是盲目地看到图书馆工作和情报信息工作机制上有些许相似之处，并没有探究这两者之间质的差异，再加上图书馆自身的素质问题，从而在客观上阻碍了图书馆服务工作的深化。只有走出"图书情报一体化"的理论误区，图书馆和情报界双方才能应对压力与挑战，才能跟上形势发展的需要。

2. 图书馆经济实体化

对于图书馆事业来说，行政拨款是客观存在的最突出的问题，是我国图书馆事业产生危机和焦虑的关键要素。有人提出图书馆要自力更生，实现"图书馆实体经济化"，还有人说应该将图书馆划入第三产业，甚至将"图书馆信息化服务"与"信息服务产业"两个截然不同的概念混淆。不论哪个国家或哪种类型的图书馆，其经费都直接或间接地出自纳税人的腰包，故其"公益性"不能动摇。社会上的商用数据信息公司等信息服务产业与图书馆信息化服务有本质不同。构成信息服务产业的商用数据信息公司，它们的服务范围小，服务对象单一，有先进的计算机硬件，从业人员精干且素质较高，按照企业化经营，国家不负担其日常开支，属于第三产业；图书馆尽管在某些服务项目上（如联机检索、信息咨询等）要收费，但考虑到国情民生，其服务项目收费不高。所以不能因为图书馆开展了一些收费服务，有了点创收，就说图书馆的社会性质和职能发生了改变。图书馆如果不能以其知识信息为纳税人服务，就会失去继续存在的理由。

3.图书馆信息化

在信息时代，图书馆业需要向图书馆信息化服务方向发展。但对这一趋势的认识，在我国图书馆界并未达成共识，其原因有很多。在大多数图书馆还保有传统服务模式和理念的形势下，现代化的图书管理设备和联机网络检索等技术得不到完整的实践。因而，有人认为图书馆信息化服务"理想太丰满，现实很骨感"。但是，任何图书馆都应该利用信息主动为经济建设服务。就像基层学习机构一样，可以利用自身订购的上百种报刊的有利条件，主动为农民提供切合实际操作的、针对性极强的惠农科技情报信息，因为它技术难度不大，用户要求也不高，完全可以把信息化服务搞得有声有色，为发展高效优质农业、为乡镇企业发展壮大、为农民脱贫致富服务。因此，"图书馆信息化服务"并非一句口号，根据信息需求对象和要求层次的不同，每个图书馆都要依据自身条件学以致用，着眼于细微之处，主动为国民经济建设服务。

二、图书馆信息化服务模式与发展前景

（一）信息化服务模式的概念

信息化服务是通过新兴电子技术和高科技领域成果（微电子、信息技术、通信技术、多媒体技术）实现新服务模式的一种手段，可以通过各种媒体有效地开发和使用不同的数据。评估预测、信息交互的服务模式是开展图书信息化服务的关键步骤。信息服务的广泛应用提高了大学图书馆的工作和数据互通的效率。

图书馆信息化服务模式应注意以下几点：

1.图书馆推行信息化服务模式的必要性

计算机、多媒体等先进技术的迅速普及为现代社会带来了前所未有的发展机遇。图书管理软件在图书馆分编、记录、借阅、统计等工作环节被广泛应用，为信息化服务模式的推广提供了充足条件。传统图书馆的经营、管理模式已经在一定程度上制约了现代信息化服务的发展。

2.图书馆信息化服务解决方案

（1）注重图书馆人才的培养。大学图书馆服务的重点应围绕用户的多样性需求展开，这就需要具有专业服务水平的图书馆人员执行服务，所以图书馆必须完善对复合型人才和专业人才的培养机制。专业化的人才不仅要有过硬的计算机信息技术，还要有认真的工作态度和完善的服务礼仪。

完善工作人员的培训系统。第一，要对工作人员的学习背景充分了解，建立工作学习档案。第二，网罗优秀培训讲师，依据《图书馆文明服务手册》制定可行的教案，根据不同对象和级别制订切实可行的培训计划。第三，密切跟踪受训者培训前后的工作服务情况，对培训效果进行评估和备案，及时改进教学进程。

推广信息化服务，更好地为用户服务，依赖于融汇各种科学知识并具备"知识导航"能力的高素质图书工作人员。图书馆可以从工资待遇、提升空间、价值实现等方面建立专门的制度，引进人才，创立高层人才储备机制。同时完善现有优秀工作人员的再培训机制，针对计算机及多媒体技术开发，外派他们到大学和专业机构进行深造，充分学习国内外优秀的信息管理模式，为现代图书馆的发展指引正确的方向。

（2）优化图书馆信息服务设备。工欲善其事，必先利其器。据研究表明，目前主流的硬件市场发展普遍领先于当前大学图书馆所使用的信息服务设备，造成了硬件设备与软件的更新换代不相适应，使信息的交流失去了时效性和有效价值。这就要求图书馆筹集资金来升级馆内的硬件设备。此外，图书馆还应建立完善的设备日常使用和维护制度，保证设备在正常使用的同时能得到良好的保养和维护。与此同时，为实现设备利用率的最大化，图书馆还应设立专门的维修部门。

（3）增加图书馆的服务业务范畴。用现代化的数据库和多媒体资源、先进的通信技术对图书馆传统的书刊采集整理和编排、图书馆藏书检索与外借、对外文化宣传、图书发布的时效新闻等提供技术支撑，既提高了工作效率和工作节奏，又节约了大量人力、物力，从而促使图书馆寻求新的发展空间，拓展新的服务项目。比如，可以利用多媒体信息资源在图书馆网站上创建信息导航系统，这有助于用户在特定网站的指导下迅速找到所需的信息，还可以添加"虚拟馆藏"形式，为那些没有时间去图书馆或不在本地的人群提供远程服务。

（4）开展图书馆的个性化服务。大学图书馆由"以文献资源为中心"转化为"以用户为中心"，既要继承又要创新，要坚持以人为本，以深化个性化服务为原则，从多媒体服务着手，利用多媒体通信技术进行信息筛选、获取和利用等，开展多种媒介之间的交流。

综上所述，随着信息技术、多媒体通信技术的发展，人类已进入大数据时代，这为大学图书馆的发展开拓了新的领域。新的时代，机遇与挑战并存，想要勇立潮头，必须转变陈旧的观念，使自己的思想适应新的情况，正所谓"通其变，天下无弊法"。要实事求是，践行"科技兴教"的发展方针，大力促进图书馆信息化改革，努力提高创新意识和服务水平，建立富有人文情怀和时代精神的新型图书馆。

为了图书馆信息资源的及时传递，为了能让用户及时准确地获得最新的知识和信息，图书馆需要不断整合互联网上更新的数据、学术界最新的研究成果。信息的社会化成了重要的战略资源，信息发布的及时性和系统性决定着信息价值的大小，也对图书馆信息服务的效率起到了关键作用。信息资源是如何有效地解决大学图书馆推广服务中遇到的问题的呢？首先，在硬件上，资源的优化可以有效地弥补硬件落后带来的效率缺失；其次，高效的编排和检索能大幅降低人工劳动的时间，还能缓解图书馆工作人员数量不足的情况。

图书馆的信息资源应具有多种检索机制和查阅手段，以适应用户对知识的不同需求，而这种需求正逐渐呈现多样化的趋势。图书馆可以利用互联网的搜索引擎快速匹配到用户需求的信息，并支持多种互联网平台的信息传输，让用户更快地获取、利用并反馈信息。图书馆在发展的过程中需要用户不断地给予反馈和建议，其服务功能在变得多样化的同时，拓宽了和用户之间的沟通渠道。

（二）图书馆信息服务网络运行模式

在信息多元化的时代，图书馆服务工作在扩大时空范围、深化服务内容、完善服务方式等方面积极探索实践，在信息产生、传播、交流、创新中，结合图书馆自身在政治、经济、科学技术等方面的文献储备，形成一种特殊信息资源。这种信息资源帮助人们从事社会活动，继而影响着人们的工作、生活、通信、决策、思维方式甚至价值观，进而发展演变为一种主流文化。图书馆也因此形成一种新型信息服务网络运作模式，这种模式与图书馆其他构成要素，如信息资源、技术资源、人力资源、管理资源等进行多角度全面深入交叉融汇，相互作用，提高了图书馆的信息服务质量，满足了人们对经济、文化、科技、教育等信息的需求，体现了它的功能和综合效益。

1.图书馆信息服务网络运行模式类型

（1）数字参考咨询服务模式。数字参考咨询服务，又称虚拟参考服务、远程参考服务、在线参考服务或电子参考服务等，是指用户使用一些信息化手段，利用数字参考咨询服务提交问题，请求网上的信息专家给予回答，而信息专家的回答也会通过社交平台将信息反馈给用户。数字参考咨询服务是基于的数字化资源，将用户与那些有能力解答的人连接起来的信息咨询服务。数字参考咨询服务的方式主要分实时服务与异步服务两大类。

（2）信息代理服务模式。信息代理是指图书馆充分发挥其在信息收集、整理、分析以及人员和设备等方面的专业优势，直接面向用户代理其信息事务，包括信息资料检索、项目查新、专利申请、市场研发等，即每个用户都拥有自己专属的信息资料库，可以用最快捷、准确、全面的方式有针对性地查找到所需要的信息资源。

（3）信息集成服务模式。信息集成是把相关联的多元信息资料有机融合并优化使用，其针对的是某一特定领域目标或面向某一特定用户服务，以发挥整体效应，实现资源共享。

图书馆信息集成服务中的"集成"对象包含以下几个方面。

一是信息资源的集成。信息资源的集成包括信息资源内容的集成和信息资源形式的集成两个方面。现代图书馆要把馆藏资源、文献资源、信息数据资源深加工，并进行有机整合，建立信息资源整合系统。

二是信息内容的集成。图书馆对纸质资源信息内容进行加工、综合，完善纸质文献信息资源保障体系，建立最优化资源体系，这是提供优质服务的前提。

三是信息服务的集成。图书馆信息服务业务需要将各个服务部门的工作有机地结合起来，发挥它们各自的优势，做到优势互补、取长补短，进而向用户提供整体化的服务。

四是信息管理的集成。信息资源的汇集、图书馆资源的调配都是由工作人员的基础性操作来实现的，在科技发达的信息化社会中，图书馆的常规性操作依然是由人工操作来实现的。因此，图书馆面临着几个关键的问题，那就是工作人员的工作积极性应当如何调动，工作人员的服务和职业素养该如何培养。信息服务是要有规章来约束的，信息管理的程度与水平都将决定图书馆的运行能力。

关于图书馆的信息集成服务在国内外都早有研究。笔者在汇总了众多学者的研究后总结出在互联网背景下图书馆的信息集成服务模式主要分为以下两种：一种是基于服务项目集成的信息服务，另一种是基于信息内容集成的信息服务。因各自的具体操作方式不同，前者又可以分为职能组织服务模式、矩阵组织服务模式、虚拟组织服务模式和联合服务模式。

2. 图书馆信息服务网络运行模式设计

运营模式的设计要考虑图书馆运营环境的实际问题，第一，要利用已具备的信息集成化，通过用户的浏览、检索，形成有价值的数据流，根据这些汇总的数据流对图书馆的现有问题提出改善意见。第二，建立适合图书馆实际情况的信息体系，配套合理的信息服务模式，利用信息集成对不同渠道的各项细化服务进行管理和调配，最终完成对图书馆信息服务的综合模式设计。

在科技迅速发展的背景下，采用信息服务的网络运营模式是先进性的决策。通过该项技术使信息化资源的价值最大化，这是现代社会文明进步的象征。但与此同时，信息服务的网络运营模式也将带来相应的风险，如共享渠道的闭塞、资源利用的缺乏、维护运营成本的居高不下、信息系统停滞等。这些风险都是不可预期的，会限制信息服务在图书馆各个方面的应用。所以集成的重要性体现在平衡细化所导致的利益衰减。基于资源集成的信息服务模式不但与信息集成是不同的概念，而且与服务和管理上的集成不同。

图书馆基于资源集成的信息服务模式的前提是组织或管理资源的集成，因此，图书馆信息服务运行模式的创新首先要设计一个组织结构。

图书馆信息服务模式的结构设计有以下选项：A. 以职能部门和业务流程来划分图书馆的各个部门，一般会有编目部、借阅部、流通部等，这些部门基本上是各司其职，部门之间仅以馆藏文献为媒介，工作环境封闭固定，组织僵化，适应力差，在一定程度上阻碍了图书馆的发展。B. 以信息资料专业内容划分部门会使图书馆把核心点放在图书文献上。这种结构组织虽然有利于图书馆内部资料数据的集成，但无法集中管理；再者，现代科学技术发展讯速，图书馆不可能按所有学科来设立专业部门。以上两种结构组织都没有把学习者的信息需求放在图书馆发展的首位，而以馆藏的资料信息为主，这是一种本末倒置的服务流程，终将被历史淘汰。C.依赖网络平台的虚拟化组织结构。这种组织结构对馆员的素质、硬件设备要求较高，而且我国图书馆馆藏仍然以纸质文献为主，图书馆实体仍然存在，对于多数图书馆来说，实现难度很大。D.组成专项跨职能部门的项目任务专案组，即矩阵式结构组织。

现代图书馆追求的是提供深层次的信息增值服务和个性化、主动性的信息资料，这要求图书馆业务机构组织规模小型化、组织结构扁平化、业务划分粗略化、工作重心前移化等。矩阵式结构组织可以将图书馆原有的各个部门有效地结合在一起，取消部门之间的限制，依靠网络平台展开横向联系，充分发挥其信息传递和信息服务的作用，并借助网络调查、网络信息分析等多种网络App，加速信息收集和信息处理，通过多种途径实现信息服务。笔者认为，矩阵式结构组织融合了传统服务机构和虚拟组织机构的优势，更适合图书馆信息网络系统。

3.图书馆信息服务网络运行模式的工作流程

（1）创建以用户为中心的信息策略。图书馆可以在平常的服务工作中采用随机问卷调查、网络调查和定期学习者座谈等方式，开展学习者信息需求监测评估，了解并发掘用户的现实和潜在信息需求，确定自己的服务范畴、标准、内容，以期找到图书馆和用户共同进步发展的道路。

（2）明确人力资源优势，组建信息开发项目小组。图书馆要建立信息开发项目小组，图书馆信息服务项目小组的人员选配应本着专业适用、个人自愿、服务安排等原则进行。图书馆还应选配非图书情报专业技术人员，随时吸收不同技能的馆员加入，并有目的地发展为学习型组合团队，保持团队优势，发展成高层次信息服务储备专业人才，吸引更多的专业人员积极加入信息服务项目组织。

（3）整合信息资源。小组组建后，根据个人专业、岗位情况的不同分配项目任务，对全馆及通过各种渠道、各种方式获取的信息资源进行一条龙式集合，把馆藏文献与高校学科专业相结合，信息资源结果可以是原始信息，也可以再深化。无论什么形式，都必须详细注明信息来源，以备考证。一切以更方便学习者利用信息、缩短学习者获取信息的路径为宗旨。

（4）信息推送服务。矩阵服务模式中各项目团队的信息终端是进行信息传递服务的，即信息"推送"技术，又称 Web 广播技术、频道技术。"推送"模式网络信息服务具有一定的智能性，是基于网络环境的一个高度专业化、智能化的网络专题信息服务系统。它通过了解、发现用户的个性需求，经过筛选、分类、排序，连续定期把信息推送给用户。从现有的方式来看，"推送"模式网络信息服务主要是通过手机、E-mail、FTP 等方式把信息推送给学习者，或在网站上公开以供学习者使用，或者由学习者自己来馆索取、复印或从网上下载。

（5）数据库存档。团队项目完成工作后，可以把这些独特的知识信息集成到图书馆数据库中。特色数据库的存档是专业信息服务的一个阶段，可以通过定期培训、定题咨询、开展演讲会、学习者俱乐部以及形式多样的互动，树立图书馆在学习者心目中的形象，这样方能发挥特色数据库的作用。

（6）服务反馈和绩效考查。图书馆专利信息服务项目小组根据学科用户的需求，将特色馆藏信息集成建设与集成化信息服务有效结合，综合构建专利信息服务体系。通过调查、分析学习者网上点击量和浏览信息量、学习者满意度对项目团队的工作质量进行评价，依据他们各自信息整合的工作量及专业性，客观地对团队成员的表现进行行政绩效评估。

4. 图书馆信息服务网络运行模式的服务方式

用户通过图书馆的图书资料、报纸杂志服务，电视电影的新闻报道、音像视听服务，印刷出版物服务，以及经过计算机数据整合的信息系统集成服务，获取自己需求的专业信息。随着宽带技术的发展，电视、计算机等与通信技术进行嫁接，通过信息资源的优势互补共同为学习者服务。

（1）网络科技查新。通过互联网可以检索国内外有关科学技术的最新研究成果、研究方向、研究深度与广度，检索图书馆收藏甚至未收藏的各种学术会议和期刊论文，这种相关性搜索模式可以弥补传统数据库在检索方式上的不足，满足科研工作的信息需求，大量节省技术人员查阅文献的时间，避免人力、物力、财力的浪费。

（2）信息推送。

E-mail：E-mail 咨询服务大体上包括四个程序：用户通过电子邮箱客户程序填写想要查询的信息；编写发送问题到收信人电子邮箱；根据问题展开咨询磋商，得到用户所需要的答案；把结果发送给用户。E-mail 服务方式可以使用户在任何地方、任何时间收发信件，大大提高了工作效率。

FTP：FTP 是一种向互联网索取信息、资料的途径，有着非常完善的流程，在同时使用两个 TCP 端口的输送下，FTP 的传输速度会得到最大提升。FTP 一般应用在客户端软件中，少数浏览器通过技术改进也可以实现 FTP 客户端功能。通过浏览器登录软件时，FTP 可以提供站点根目录下的下载信息、用户文档等，操作方式与 Windows 系统一致，即通过双击文件打开。

FAQ：FAQ 应用在图书馆中即根据日常工作的总结，汇集需要解决的相关问题，将多数问题系统化，在用户咨询时提供常规性的问题和回答，预见性地解决问题。FAQ 的运用关键就是对于问题频率的获取以及人工的总结，并代替用户预先做出可能的回答。

BBS：BBS 在线咨询服务致力于提供人与人之间交流信息的渠道，用户发布话题并同其他用户进行探讨，也可以发布问题向其他用户寻求解答。BBS 在线咨询应用于图书馆中可以为学习者提供相应的服务，包括但不限于解答、讨论、建议等，更为重要的是，这能够成为图书馆与用户之间互动式交流的桥梁，是具有互联网时代特色的服务模式。

微博：微博是一个建立在用户人际关系上的平台，并依靠平台以用户个体的方式传播信息。用户可以通过 PC、手机等各种形式登录客户端，并搭建自己的人际关系网，以短小而精练的文字即时公开自己的状态、行程、心情等。微博进入中国是在 2009 年。在 2009 年的 8 月，我国的互联网公司、中国门户网站之一的新浪率先发布了"新浪微博"内测版，自此微博渐渐进入中国用户的视线。图书馆的互联网化必然需要建立微博，以即时、准确地向用户传递消息，并积极互动。

远程视频会议：当工作人员需要与用户之间进行联系时可以采用视频会议的方法。工作人员可以通过文字和音频收到用户的反馈意见，模拟会议现场的与用户进行视频交流，更加高效地交换意见。远程视频会议对于图书馆的硬件要求更高，不仅需要相应的处理设备，还需要高效率的传输通道。另外，视频会议如应用在图书馆中，对工作人员的操作、职业水准等都有很高的要求。如果不具备以上的硬件和人员条件，视频会议的模式就难以开展。

5.资源导航

OPAL：OPAL 索引系统能够汇集图书馆的电子资源作为存储的馆藏，将图书馆电子资源分类汇总成可检索、可查询的电子资源。这样的系统可以最大限度地减少用户获取自己需要的学习资料所花费的时间。

电子资源导航：图书馆汇集全部电子网络资源，以向导的形式引导读者查询各自需要的学习资料。通过索引系统，学习者只需输入关键字作为他们想查阅信息的核心词。根据高效的索引系统，这些关键字可以直接链接到馆藏电子资源的全文，也可以通过题录、文摘信息等链接到全文数据。

搜索引擎：搜索引擎的高效处理极大地减少了用户检索信息所用的时间，同时用户的检索请求及时得到处理也在很大程度上分担了工作人员的工作量，提高了访问速度，并大大优化了用户的访问体验。

（三）图书馆信息化服务规划

随着计算机及网络技术在图书馆的广泛应用，图书馆电子信息化的发展已成为图书馆发展的主要方向之一。图书馆信息化是指在图书馆业务、信息服务和管理中更广泛地使用信息技术，逐步提高图书馆信息化程度，并将其建设成现代信息化图书馆。现代信息化图书馆是目前图书馆的主要发展方向，图书馆信息化对工作者素质、工作效率的要求更加严格，这也是图书馆步入信息化的必要途径。图书馆在发展过程中不断吸收互联网技术、电子信息化技术，逐渐从根本上改变原来的工作模式，对于用户来讲，他们能真切地感受到信息化图书馆带来的便利，所以说不进行信息化建设的图书馆是不健全的、发展不完整的。图书馆信息化是一个漫长的过程，需要很多的条件与步骤，而科学的规划就成了信息化的关键。

1.图书馆信息化服务的内容

信息化服务就技术方面来说可包括三个方面的内容：信息系统的选择与现行系统的改造、信息技术的运用、数据与数据库的建设。这三个方面是相互联系的，技术、科技是基石，合适的数据库就是储存结构，而连接基石与结构的就是信息系统。

（1）信息系统的选择与现行系统的改造。图书馆信息系统包含多方面的内容，如光盘数据库系统、音频系统、视频系统等。信息化的图书馆能够将这些系统有效地融入其中，并面向大众建立新的完善的整合系统。

（2）信息技术的运用。随着电子信息科技的发展，以计算机为中心的信息技术在图书馆界得到广泛的应用。新型媒体、新型大容量存储、搜索引擎、LED、触摸屏技术共同支撑着信息化图书馆的运行。在信息技术运用的过程中，图书的数字化是一个重要的方面，数字化的图书有着便于管理和查阅、方便大规模贮存等诸多优势。

（3）数据与数据库的建设。在信息电子化和网络化过程中，一项基础性工作便是积累大量的各类型数据，建立数据库。一个信息化的图书馆馆藏包含书目数据库、全文数据库、馆藏数字化资源、网络虚拟资源、业务管理数据、查询用户档案等。计算机能把各种媒体（包括声音、图像、文字等）全部转换成数字信号进行处理，从而使各种信息和信息媒介融合在数字化上，使一体化信息资源的实现成为可能。目前，书目数据库的建设已经很成功，需要加强其他类型数据库的建设。

2.图书馆信息化服务规划中的平衡问题

（1）目标规划与适应性之间的平衡。目标规划和适应性之间的平衡是信息化过程中最受关注的问题，如何能在平稳的、可持续的基础上制定长远的目标规划是非常值得研究的问题。这样的问题往往没有现成的答案可供参考，比较能够接受的方法是结合政府政策与社会媒体风向，细致地掌控、分析图书馆信息化的进程，并及时给予适当的调控。

（2）组织与系统流程之间的平衡。图书馆信息化发展过程中的争议在于是否有必要改变图书馆的运作方式以适应软件。总的来讲，新技术的应用方式决定着组织结构的完整性，而组织及管理模式也会反作用于技术本身。这就要求信息技术和应用模式在技术领域不断创新，并服务于图书馆的长远规划，形成技术服务于实际的图书馆信息化模式。

（3）信息化规划与建设实施之间的平衡。信息化规划能够为信息技术的应用和硬件开发建设提供方向。由于各方参与人员立场不同，因此难免会有隔阂。在这个重要的规划阶段，对工作的把控应该交给专业领域的第三方技术机构，并寻求多方的参与和协调。

在信息化的构建中，应该以供应商为主导、业主参与配合。图书馆应本着客观、公平、守信的原则，尽一切努力来促进并监督信息化的建设过程，保障项目在正轨上有序地运行。

3.图书馆信息化服务规划的原则

（1）整体性原则。信息化的进程要在整个图书馆的发展规划之内，并能够和图书馆的未来发展相结合，这样才能真正地在图书馆发展中起到革新的作用，不偏离既定的发展方向。

（2）可扩展性原则。时代的发展必然伴随着科技的进步，信息化规划的可调控性就显得愈发重要，匹配新技术的能力和适应图书馆运行模式的能力是关键。时代的变迁会使原本的规划不再能满足新形势的要求，进而约束图书馆的发展，所以信息化时代下的可调控性是必要的。

（3）适应性原则。图书馆信息化的过程不仅是不断变化的，还是不尽相同的，不考虑实际形式、不从实际出发的规划是注定不会成功的。在规划中应该结合图书馆的发展现状、政策以及未来发展趋势等。

4. 图书馆信息化规划服务的对策

（1）形势分析。首先明确图书馆的发展目标、发展战略和发展需求，基于此对行业的发展现状做出评估，包括该行业的现状、政策、趋势，更要结合信息化的技术对图书馆的特点做出独特的分析，这种分析应该涵盖技术、措施、期望结构、使用功能等方面。

信息化的程度包含多个方面，在许多方面都可以对一项技术的价值做出评估，而工作人员要做的就是从多个角度出发分析技术对图书馆的意义，包括技术先进程度、主要功能、模式架构、硬件要求以及必要风险等。信息资源既包括硬件方面的基础设施，也包括软件方面的数据、信息结构、运算、处理引擎等。

（2）制定规划。经过完整的形势分析，接下来应该制定一个满足未来发展的规划，这将为信息化的进程指明方向。在规划的制定上应满足预计规模、预算成本。制定规划时，第一要明确需求，决定方向。明确需求是制定一个合理规划的前提条件，要清晰地知道图书馆信息化的方向和最终想要达到的效果；第二要有方向性的纲领，这个纲领文件是技术发展的约定和工作实施中应恪守的规则，是完成信息化的使命；第三要有信息化的未来目标，并列出实现目标所要完成的各项工作内容。

（3）设计信息化总体架构。信息化总体架构的每个层次都由许多功能模块组成，每个功能模块可以分为更详细的级别。如图 7-1 所示。

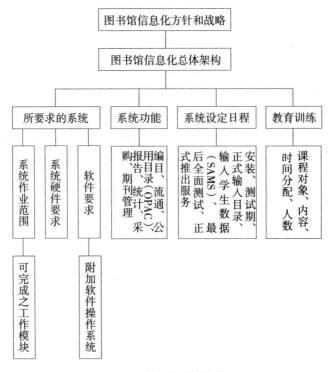

图 7-1　信息化功能模块

（4）拟定信息技术标准。这部分是对信息技术的具体产品、方法、流程的采用，是信息化完整结构的技术支持。通过选择应用广泛的、有发展前景的信息技术为标准，使图书馆信息化具有良好的可靠性、兼容性、扩展性、灵活性、协调性和一致性，从而提供安全、先进、有竞争力的信息服务，并且降低信息化的建设成本和时间。

（5）进行项目分派和管理。根据以上内容，首先对每个功能模块和相应的各级信息任务进行重点评估、总体规划和项目细化，明确责任、要求、原则、标准、预算，协调每个项目的时间范围，然后选择实施每个项目的部门或团队，最后确定对每个项目进行把控和管理的原则、细节和方式。

4．图书馆信息化服务标准

何谓"服务"？芬兰服务质量管理专家克里斯蒂·格鲁诺斯认为："服务一般是以无形的方式，在顾客与服务员工、有形产品或服务系统之间发生的，可以解决顾客问题的一种或一系列行为。"

　　图书馆服务是图书馆利用图书馆资源让更多学习者获取知识的行为和过程。图书馆是各个要素组成的一个体系，是社会系统的一部分，与其他社会系统错综复杂地关联在一起。另外，图书馆服务是一种无实体的体验式服务，很难用大众标准对图书馆服务做出足够有说服力的评估。但出于一些评级组织的需要，如图书馆等级评估、图书馆工作质量评估、学习者评价等，制定一些合理的标准让图书馆之间的特点有一定的比较，这是一个值得讨论的发展问题。

　　在过去，图书馆评估总是以办馆条件作为出发点，但是随着科技的发展，从 20 世纪 70 年代开始，对图书馆的评估方式开始有了改变。美国兰开斯特教授在 20 世纪 80 年代出版了长篇学术著作《假如你要评估你的图书馆》，这本书包含了以下内容：索引价值、信息解答、文献检索、电子化馆藏、书籍获取、科技升级服务和智能化等。书中将图书馆服务有序地划分为公共服务和技术服务两部分，认为其应该有不同的评估系统。公共服务的评估标准应该是群众的满意度，技术服务更加关注技术带来的效益和对长期发展的重要性。

　　《公共图书馆服务绩效评估手册》于 1982 年在美国公共图书馆协会出版，美国大学及研究图书馆协会于 8 年后制定了《评估学术图书馆绩效标准》，包括使用者满意度、馆藏利用度、图书馆及其设备使用情况、信息服务四大类十五项标准。从标准内容可以清楚地看到，评估的标准从关注办馆本身的条件逐渐向学习者的满意程度转变。

　　这是因为自 20 世纪 70 年代中期以来，把用户满意度当作评估服务质量的标准得到普遍认可，西方学者据此建立了一些科学的统计模型，其中有代表性的是"期望—实绩模型"和"满意度模型"。图书馆的从业者也开始关注这些评估模型，并在实践中进行应用。"期望—实绩模型"表明学习者来图书馆是抱有期望的。图书馆的服务作用于学习者之后，他们会参考期望值来评估图书馆。如果低于预期，学习者将不会满意；如果达到预期，学习者就会肯定图书馆；如果超出预期，他们将高度赞扬图书馆并进行传播。

　　长期以来，我国图书馆从业者一直注重文献的收集、处理和存储，但图书馆服务的发展相对落后。1990 年以后，政府制定了多项评估标准对各类图书馆进行评估，这对于图书馆运营模式的变革有极大的促进作用。评估标准的重点在于办馆条件和涉及的服务内容，学习者基本被排除在评估范围之外。庄子逸在 20 世纪 80 年代提出，图书馆作为一个服务系统，如果没有读者的评价，就是一种片面的评价。读者对图书馆满意与否的评价对于评定图书馆服务质量的优劣具有很重要的价值，其他评价难以取代。

谈到图书馆服务内容时，常规性的要求是领导满意、群众满意、自己满意。粗看起来这没有不妥，但却隐藏着不容忽视的错误。首先，领导满意度排在第一位，这就意味着对领导负责是最重要的，而不是先对群众负责。其次，有些单位并不能察觉自身出了问题。作为被评估对象，反而自己评估起了自己，必然是找不出问题所在的。事实上，三个满意度中最主要的是群众的满意度，群众是服务的对象，服务的好坏应当由群众来反馈。当群众满意时，代表着群众利益的领导层也必然是满意的。

将读者的评价作为最重要的评估参考是具有里程碑意义的，也是正确的发展方向。图书馆的理念是把知识和学习者的意愿匹配在一起，形成良好的社会风气。"为书找人，为人找书"是图书馆职业最简明的表述。这里说的书不应只局限于书本，也包括文献资料、学术报告、互联网时代下的电子信息资源。而对于学习者，寻找自己需要的知识的方式也不应单一化。检索的技术含量能体现一个图书馆对信息资源开发利用的程度，任何图书馆都需要不断发展"找"的方式以适应时代进步。

时常有人反映政府对图书馆的发展不关注，社会对图书馆的工作不支持，诚然这是问题的一方面，但是更重要的是图书馆应该思考：面对社会，图书馆的义务和责任在哪里？图书馆只有不断完善服务才能换取大众的认可，从而引起社会的关注，使自身得到发展。

5.标准评价

图书馆的服务大部分是无形的，涉及的因素很复杂。因此，评估图书馆服务的标准应该有多种类型，如定性分析和定量分析。如果是根据学习者的需要来说，它主要包括三个方面。

（1）学习者满意度。学习者的评价是评估图书馆服务水平的主要参考，其内容有以下几点。

环境：图书馆环境安静，适合学习。

人员：图书馆工作人员热情、认真、主动，有专业能力。

设备：图书馆设施先进、齐全，能满足功能需要。

文献：图书馆文献资源符合该馆的性质与目标，数量多，质量好，有特色。

一般将读者的满意度分为很满意、满意、一般、不满意、很不满意 5 个等级，可以发放读者调查表让读者对图书馆的服务进行评价。

（2）吸引学习者率。既包括来到图书馆的学习者，又包括利用本馆网上资源的学习者。吸引学习者率是实际人数和预计服务人数的比值。可根据图书馆位置、规模、现实条件等进行区分，分为优秀、合格、不合格几个等级，来估计图书馆吸引学习者的状况。

（3）文献利用率。① 流通率。图书流通的次数越多，一般可以认为其学术价值越大。需要重点指出的是，这里所说的"书"不仅指纸媒的文献，还包括电子文献和网上资源。文献使用率是指在一定时间内读者实际使用的文献数与馆藏文献总数的比率。根据图书馆不同的性质和规模，以及历史和现实条件，人们可以用优秀、合格、不合格这几个等级来评定流通率的状况。② 主动性。要想增加图书的使用率，图书馆应积极地"为人找书，为书找人"，而不是被动地等待。良好的宣传工作、积极地接纳反馈意见都是提高图书馆文献利用率的方式。③ 速度。时间对学习者非常重要，因此，帮助学习者更加准确、高效地找到相关书籍是图书馆工作的必要内容，这就要求图书馆提高工作效率。

三、提升图书馆信息化管理服务的路径研究

（一）拓展图书馆服务内容

在日常生活中，图书馆阅读可以丰富读者的精神生活，对国家经济文化和社会发展起到推动作用。图书馆是保障人们终生学习、素质提升和文化发展的重要场地。信息技术的不断发展，网络信息设施的推广使用、笔记本电脑和智能手机的普及、4G 数据网络的迅猛发展，都给图书馆信息化发展带来了巨大的冲击。图书馆必须从增加服务内容等方面入手，更好地适应网络数据大环境，才能提高高校图书馆的服务能力和质量。

1.电子书阅读器

电子书阅读器是指将资料上的文字、图画、声音、录像等数字化的出版物或下载储存的文字、图像、声音、影像等资料数据集存储介质和显示终端于一体的小型阅读机。它通过将资料刻录在以光、电、磁为中间媒介的机器中，采用特种条件设备提取、复制、传输。电子书用技术相对很简单的机器设备就可以观看大量的图书资料，解决了场地的局限问题，同时电子阅读方便快捷，方便大部分人使用。

我国国家图书馆新馆于 2008 年焕然一新，起初其准备了 80 部小型手持电子书阅读器供读者使用，每部阅读器内部预装 500 本电子图书。这种小型电子书阅读器是一种方便携带的手持电子阅读设备，专为读者阅读电子图书所设计，具有大显示屏的液晶显示屏幕，内部装有芯片，可以方便快捷地下载和储存电子书。有国家图书馆读者阅读卡片的人，同时具有手持电子书阅读器的使用权限，可根据个人阅读习惯，通过国家图书馆购买的电子图书资源平台完成电子资料下载，也可将小型手持电子书阅读器的 USB 接口和国家图书馆馆区内部已与互联网连接的任意电脑端口对接，登录国家图书馆信息资源平台，在打开的页面搜索到自己需要的电子书后，用鼠标点击"下载到小型手持电子书阅览器"即可完成。

与小型平板电脑相比，电子书阅读器价格较低廉，功能更为专业化，已成为移动阅读的好工具，在未来它会迅速发展，由大城市逐步向中小型城市和乡村图书馆发展。在这种环境下，我们必须提前做好准备，与时俱进，学习相关网络信息知识，迎接新的机遇和挑战。

2. 微博

微博是 Web 3.0 中出现的一种新型的开放式互联网社交服务，微博客可以通过微博以 140 个字符或更少的形式发布内容。

2011 年年初，杭州图书馆因微博而闻名，在短时间内成了公众舆论的前沿，并由此引发了杭州图书馆的一系列对外公关活动。整个事件的导火索是中国台湾网民"贺兰泰"于 2011 年 1 月 18 日下午在新浪微博上发帖称"杭州图书馆不拒绝乞丐拾荒者入内读书"，这引起了其他读者的不满。褚树清馆长回答说："我无权利拒绝他们入内读书，但您有权选择离开。"这条微博发布仅两天时间就被转发了近 16 000 次，短时间内杭州图书馆馆长成为热点人物，一些网民把杭州图书馆称为"历史上最温暖的图书馆"，而馆长褚树清则被称为"最感人馆长"。整个事件被称为杭州图书馆的"微博事件"。杭州图书馆通过微博成功地提升了自己的形象。

这是微博与图书馆的首次近距离接触，由此引起了各界人士的关注，引发了图书馆界对图书馆引进微博的学术讨论。

图书馆可以充分借助微博这个平台注册登记图书馆官方博客，通过网络与读者交流，为读者服务，微博技术已成为免费推广图书馆管理和服务的新力量。对于图书馆来说，使用微博可以减少专业人才的费用支出，可以更加及时、动态地进行更多的服务工作，实现资源的优化配置，更好地与读者交流沟通。

3. 云服务

云计算是一个新兴的商业计算模型，它利用网络高速传输数据的能力将数据的处理过程从个人电脑转移到网络上的计算机群体中。计算机云服务主要是在云计算的基础上发展升级的各种服务。可以说云服务是伴随云计算的出现才产生的服务，也可以说云服务是在云计算出现之前就已经存在但因为云计算的推动才得以进一步发展的服务。

在云环境中，借助云计算和各种云服务的支持，图书馆可以进一步完善自己的资源建设和服务。在当前的图书馆界，这是一个值得讨论的问题。随着电子产业智能化水平的提高，一些数字图书馆可以利用这一前沿技术更好地提供图书馆信息资源。

随着信息技术的发展，著名的"超星移动图书馆"诞生了，它通过云服务让用户共享全国多家图书馆资源的联合搜索和文献传递服务。用户可以使用云服务的特殊拷贝功能记录他们的阅读笔记，并可以自动将数据和信息资料同步到云存储上，不需要再使用纸和笔进行记录，不仅提高了阅读的效率，还可以随时浏览之前上传的学习资料。

（二）建立个性化的信息推送服务

1. 信息推送技术的概念与特点

我们举例说明什么是信息推送技术。比如，电视台每天都播放电视节目，观众可随时打开电视看电视上的节目，并可随时调台；手机用户通过短信定时接收到的天气预报和股票信息；等等。换言之，信息自动向用户发送的技术即信息推送技术，即"信息寻求用户"。

互联网公司使用特定的技术标准或协议，从互联网信息源或制作商那儿获取相关信息，通过固定的频道向用户发送信息的传播系统即信息推送。它是基于用户对信息的需要，有针对性地将用户所需信息主动送达用户。

信息推送有以下特点：

（1）主动性。主动性是互联网信息"推"模式服务的基本特点。当有实时信息要上交或即将接收时，按照传送信息的分类和重要程度推送软件会在读者不发出信息搜索的条件下，采用电子邮件、播放声音、在屏幕上显示消息等不同方式及时、主动地通知用户阅览，增强用户信息获得的及时性。

（2）个性化。根据用户的特定信息需求为用户量身定制是推送服务的前提条件。把为特定用户搜索的信息通过某种机制推送给用户，这体现了用户对信息的个性化需求。个性化服务是积极和动态的，只要用户设定好规则，系统就可以自动跟踪用户的使用倾向，不需要用户的请求而主动将信息发送给用户。该技术不仅可以让用户根据其具体需求进行搜索、处理和发送，还可以为用户提供针对用户特定信息的定制搜索界面。因此，个性化主动信息服务是推送技术最基本的特点之一。

（3）集成化。对于一个特定的用户而言，在特定时间其关注的通常是与某一主题相关的来自不同渠道、不同载体的相关信息。比如，一个从事数字图书馆技术的研究人员，从获取信息途径看，他既关注网络资源和数字图书馆技术的相关信息，又关注中外文献中的相关信息；从信息的内容看，他既关注国内外数字图书馆技术的发展动态，又关注其前沿动态。但是，目前的互联网信息导航、专题文摘索引、目录等只是从某一侧面解决用户特定的信息需求，而信息推送将传统信息和现代信息结合，使用户更容易掌握它。信息处理人员可以将各种途径和各种载体的特定信息汇总到同一个信息通道中为用户提供服务。

（4）易获性。用户只需要根据推送技术的工作流程设置自己的需求特征，定制信息资源类型，设置自己需要的信息通道，此后定制的信息就会自动传送给用户，用户无须每次提出查询请求，可以节省大量的时间和精力。

（5）智能化。推送技术服务系统中的信息是高速流动的，不是停止在某一个地方等着用户寻找，而是主动寻找合适的信息用户。为了提高推送的准确性，推送技术服务还可以控制搜索的范围，将不必要的信息过滤掉。因而，网络环境下的信息推送技术服务具有较高的智能化。

（6）高效性。由于信息推送技术采用的是信息代理机制，一方面可以减少重复的、无关的信息在网上传递，避免垃圾信息对网络资源的大量占用；另一方面，浏览器会定期检查频道的信息更新，如果遇到信息更新，浏览器会自动下载并缓存新内容，使用户可以离线浏览，减少网络开支。

（7）安全性。用户与信息推送平台间形成了一种相对固定的数据传送，避免了用户因不加选择地搜索信息而导致的对系统的破坏。另外，对于用户而言，经过智能系统过滤过的信息也是安全可靠的。

（8）延续性。信息推送技术有连续性、系统性的特点，只要供需双方的协议不中断，服务就一直延续。同时，信息的新旧内容可以做到自然衔接，只要客户协议不改变，系统的内容就会随着现有信息更新，保证了信息存放的合理有序。

2.信息推送的工作流程、服务形式及实现方式

（1）信息推送的工作流程。建立个性化的信息服务平台对数字图书馆来说至关重要，因为它是实现信息推送服务的必要环节。它包括能够追踪用户行为、学习和记忆，描述用户感兴趣的服务模块，能够对信息进行搜索、加工、整理的信息搜集与加工模块，然后在个人网站上组建一个专业的信息服务频道。

实施推送服务需要经过以下几个步骤：

用户注册登录。用户在网上进行注册，填写详细的个人信息，如姓名、年龄、专业、密码，以及所需信息的主题、关键字、报送地点和信息的期限。

建立用户特征数据库。系统中有一个用户特征数据库，主要记载每个用户的特征信息。使用"推送服务代理"对用户的个人信息进行储存，或跟踪用户的信息使用行为获得用户信息需求，并将其放入用户特征数据库中。

网络信息搜集、筛选、加工。"推送服务代理"根据用户的需求特征在互联网上搜索信息，并对收集到的信息进行加工、整理，然后将它推送到用户指定的地点。

用户对信息进行评价。用户可以对平台推荐的信息做出定量和定性评估，即给出自己的评论和评分，以便系统进行改进。

（2）信息推送方式。基于互联网的信息推送方式有以下几点：

① 简单的通知。这是每天按时告诉用户信息的最基本形式，如电子邮件。对此服务，用户可以控制其通知形式、时间间隔等。通知并不一定是交互式和强制性的，它对资源和信息流的要求并不高。

② 提纲要点。用户可以查看 Web 页面或其他信息源，查找需要匹配的信息，并将信息传递给用户。用户可以通过关键字、日期、数据、比较规则和其他查询条件查找信息。提纲要点不仅有每日报告，还有很多后台处理过程，与用户的对接是不可估量的。在设置条件时，提纲要点将给用户更大的交互性，对资源的影响很小。用户可以通过过滤安全的 Web 信息创建相应的服务。

③ 自动弹出网页。自动弹出功能提供一组可供用户经常查看的 Web 页面，将用户查看过的网页储存起来，以便用户以后阅读；用户可以通过电子邮件接收这些材料，并进一步了解它们。由于需要在用户电脑上保存获得的网页，这

就要求用户在设置查看内容和复查收到的网页方面进行更多的交互活动，并要求更多的资源储存信息。

④ 自动推送。自动推送是一种先进的推送技术，它可以根据自己的刷新进度公布信息。用户必须提前订阅推送信息服务，并需要连接网络上的收听广播，否则他将得不到任何服务。一般来说，该服务需要在用户终端安装软件并定期发出更新请求。通过自动推送，用户可能会看到一个完整的屏幕报告或屏幕底部的标题。这种信息推送技术有许多交互特性，可以有选择性地给用户发送信息，或者尝试让用户对其他信息感兴趣，用户也可以选择需要查看的信息流。

⑤ 频道推送。频道推送是一个普遍采用的方法。用户可以在浏览器中设置特定的频道，就像他们选择电视频道一样阅读各种信息。

⑥ 网页推送。网页推送是在特定的网页中为用户提供他们自己订阅的信息。

⑦ 专用软件推送。专用软件推送是通过专门的发送和接收软件将信息推送给专门的用户。

基于智能化数据系统的信息推送方式有以下两点：

① 操作式推送（客户式推送）。操作式推送由客户进行数据操作启动信息推送，即当客户操作数据，将修改后的新数据存储在数据库后启动信息推送流程，将新数据推送给其他客户。

② 触发式推送（服务器推送）。触发式推送由客户数据操作启动信息推送，即当数据出现增加、删除、修改操作时，触发器启动信息推送。

（3）信息推送技术的实现方式。推送技术改变了在互联网上访问信息的方式，将用户搜索信息变成了接收信息。根据原有系统的继承和扩展程度的不同，推送技术的实现方式可分为以下几个方面。

① CGI 服务器模式（CGI 即通用网关接口）。这种方式是通过扩展 CGI 扩充原有网页服务器的功能，从而实现信息推送。与一般拉取技术不同的是，服务器收到表单后可根据用户需求收集信息，并一次或分多次推送给用户。其推送信息的方式有两种：一是把信息直接推送给用户；二是只把 URL 及信息变化的内容通知用户。可以看出，CGI 服务器模式是最弱意义上的推送，因为信息的获取需要用户参与。但由于用户得到的信息是符合个人特性的，所以该方式最容易实现。

② 客户代理方式。这种方式通过服务器收集用户的相关信息，然后和信

息提供者建立联系，读取相关资料，收集用户感兴趣的信息，并将其推送给用户。基于客户代理的推送方式需要设置相应的频道格式（CDF）文件，并将其放置在网页服务器上，以获取资源列表和资源更新状态等信息。在这个实现方式中，对信息的请求和推送都是通过代理服务器实现的。从用户的角度看，服务是清晰的，也可以属于"推送"的范畴，它继承了原有的系统，且实现起来简单易行。

③ Push 服务器。Push 服务器是互联网上广泛使用的推送模式。它提供了一组集成的应用程序环境，包括推送服务器、客户部件和开发程序。它把一些站点定义为浏览器中的频道，用户可以通过这些频道浏览、查阅感兴趣的网络信息，并且可以设定其播放的时间。在这种推送方式中，Push 服务器提供主动服务，负责收集信息以形成频道内容，然后推送给用户；客户部件主要负责接收提交的数据及指令，并对数据进行处理。这种方式由 Push 服务器对信息进行分类，先将信息量较大的数据推送给用户，如果用户有需求详细了解某一方面的信息则再次获取相关内容。因此，这种推送方式减少了传输的数据量，提高了信息获取的效率，可以说它是一种"真正的推送"。

3. 信息推送在数字图书馆信息服务中的应用

数字图书馆利用信息推送改变其服务模式。信息推送可以将信息推送给用户，让用户坐等信息的到来。它可以实现数字图书馆信息的输送，从"客户寻求信息"转变为"信息寻求客户"的服务模式。信息推送技术具有及时向用户传递信息的功能，信息源直观、易于掌握。与此同时，信息资源处于动态的储存和释放状态。利用"推送"技术的数字图书馆不仅能在整个网络为用户服务，还可以主动锁定更具体的用户群，提供专门的信息服务。这不但提高了信息服务的效率，而且为用户节省了在互联网上搜索信息的时间。

（1）信息推送技术在数据库中的应用。许多数据库商家为他们的产品设计了推送服务系统，如 UnCove 公司为终端用户提供 Re veal Alert 服务（定期讨论报告），用户可提供 25 个关键词、50 个以内的期刊名和自己的电子邮件地址，每周系统将更新的信息发送到对应的服务用户的邮件地址上。剑桥科学文摘（CSA）设有 Search Profile（个人检索文档）。个人用户可以存储检索词或检索组配式，数据库每周更新文献时会自动将检索到的目次添加到文档中。当用户再次进入数据库打开自己的个人检索文档时就可以获得需要的信息，无须再次检索。这种主动推送信息的服务方式不仅锁定了一些固定用户，增加了用户对数据库的了解和使用兴趣，还节省了用户的检索时间，提高了数据库的利用率。因此，越来越多的数据库，添加了这种服务功能。

（2）基于信息推送技术的图书馆网络信息服务。在网络时代，图书馆的信息服务应该面向用户，互联网信息检索与收集要相互结合。第一，了解用户的信息需求。发现用户兴趣，为用户建立模型，按领域主题对信息进行归纳；第二，在某一特定领域实时收集网络信息，并提供各种数据库、声音、图像等。把这些信息推送给用户，用户只要打开他的"检索渠道"，就可以接收到所需要的信息，不需要在网上花费时间查找。各图书馆服务器可以对用户模型相似的用户相互通告对方关注的主题知识，从而促进用户对主题需求的表达，实现信息的动态交换。其实际应用有以下几种方法。

电子邮件推送服务：通过电子邮件向注册的用户发布需求信息。电子邮件推送技术是目前使用最广泛的一种信息推送技术。这种方法只需要实现一个基于网络的电子邮件系统，就可根据用户的订阅情况定期或不定期地将相应内容发送到用户的指定邮箱。通过该功能，互联网可以主动向用户提供信息，提高了数字化服务的内容和水平，为用户提供了更好、更高效的服务。

新节目推送服务：1999年，中国科学院上海文献情报中心在北京邮电大学创讯信息技术公司开发的"现代电子化图书馆信息网络系统"（以下简称北邮系统）基础上二次开发出"中科院上海文献情报中心期刊目次推送系统和新书信息推送系统"，目的是通过这两个系统分别将北邮系统中的最新目次信息和中西文新书信息通过电子邮件形式自动推送给订购用户。这两种数字化特色服务把原来"被动等用户上门"转变为"主动向用户提供信息"，扩大和丰富了北邮系统的功能，提高了该中心数字化服务的内容和层次，为用户提供了更好、更快捷的服务。

采用信息推送技术提供网络化的定题服务：采用推送技术提供网络化的定题服务不但具有新颖、及时、针对性强的特点，而且能够满足科研人员对个性化信息的需求，同时提高了图书馆的服务效率和服务质量。以中国科学院文献情报中心的张智雄博士为例，他已经对互联网科技信息资源门户网站系统的建设进行了研究，该系统通过动态频道推送技术实现了真正的个性化信息服务。

个性化服务：指根据用户需求制定特殊用户界面的技术，是数字化图书馆技术的重要方法。该技术不仅简化了复杂的用户界面，还提供了交互式个性化的用户服务。

专业信息服务频道的建设：一个图书馆的网站站点只要借助推送技术建立一个专业信息服务频道，就能为用户提供有针对性的推送服务。

4.高校图书馆个性化信息推送服务的对策

①建立以用户为中心的信息推送机制，这种机制要求推送系统可以利用用户计算机上可得到的信息资源，如网页浏览历史记录、应用软件的使用记录、电子邮件信息等为用户建立一个感兴趣的动态模型，基于此模型获得用户感兴趣的信息并反馈给用户。

②增强推送信息的筛选，将最小的信息量发送给用户，降低用户阅读负担，使用户易于存储这些信息。

③利用多播和广域网技术，在保证信息质量的前提下，尽量减少数据传输容量，减轻互联网负担，减轻或消除数据风暴和网络拥堵。

④通过系统和用户的交流与反馈，以及主动标记用户的信息搜索行为、计算机使用行为、互联网检索行为，提高用户需求信息的准确性。

⑤将推送技术和拉取技术相结合，使用户获得最大的收获，不断开发新技能，克服推送技术中存在的问题。

⑥制定推送技术的国际标准，使推送技术的研究、开发和应用国际化、标准化。

（三）全面提高图书馆馆员的综合素质

1.新时代下图书馆馆员的角色

随着信息技术的快速发展，在传统图书馆向数字化图书馆逐步转变的过程中，图书馆馆员将扮演多重身份。

（1）信息专家的角色。随着纸质信息资源、电子信息资源和网络信息资源的逐步发展，图书馆馆员的角色也在不断变化。在不久的将来图书馆馆员将成为信息专家。正如中国著名科学家钱学森先生所说，"现代图书馆、档案馆、情报单位的工作人员应当是信息专家和信息工程师，是信息系统的建设者，也是使用的向导和顾问"。这一精辟的论述指出了新时期图书馆馆员的角色定位和未来发展方向。

凭借所受的专业培训，数字化图书馆馆员不仅是一个保管员，还是一位最新信息资料的提供员。他必须能运用现代信息技术和高科技手段，在信息资源管理传递和服务领域走在社会发展的前沿；他必须掌握信息收集、排序、加工、检索等多种技能，为科学研究、企业的信息产品、竞争情报及各级政府决策参考提供信息；他必须掌握最新的知识，有敏锐的观察力和准确的判断力，以深入到各个领域进行信息鉴别，确定信息的真实性，从而客观、准确、全面地筛选出用户需要的、最新的科技信息；他必须熟悉互联网信息检索功能，可以在大量的网络信息中快速分辨和捕捉到符合用户需求的信息，使自己成为一个名副其实的信息专家；同时，他要使用先进的技术传播信息、传播知识，帮助用户及时获取所需要的信息，更好地发挥信息专家的作用。

（2）信息和知识管理者的角色。随着科技的逐渐进步，现代图书馆在传统信息资源和互联网资源方面发展迅猛。图书馆馆藏文献的范围不仅限于印刷型文献，其他形式的文献也迅速发展，且网络化的文献信息内容被迅速关注和开发。图书馆的价值取向也迅速发展为知识服务。与此同时，科学排序，让网上的各类专业信息集中、简化，将精细化处理的、有价值的资料供用户使用。这是互联网信息化背景下图书馆服务的主要任务。

图书馆靠书籍的数量满足读者需求的时代已过去。其服务的质量取决于馆员对知识的了解、调整、重组和创新知识的能力，取决于所提供信息的质量。而网络环境下图书费的特点是信息的海量化、无序化及用户需求的个性化、多样化。这就要求图书馆馆员要迅速调整角色，从传统的档案管理者转移到信息化管理者，从烦琐的人工操作中释放出来，集中于信息的分类、组织、检索、传输和利用上，这是一个信息重组、传播和利用的过程。在这一过程中，图书馆馆员需要不断进行知识积累、传播和创新。由于知识与信息之间的自然联系，图书馆馆员不容选择地成为知识管理的研究者和实践者。

（3）信息提供者的角色。图书馆服务的目的是给用户提供信息资料。在数字图书馆时代，图书馆的主要任务是通过互联网对内部资料进行数字化管理并提供信息服务。这就要求图书馆馆员在互联网资源中有效地管理信息并提供服务，对原始信息进行收集与处理的同时逐步深入文献，揭示知识的内涵和发展轨迹，建设特色数据库，加强深化和加工收集最新的信息资源产品，提供丰富的信息资源和网络信息服务，并成为信息资源的提供者。

（4）扮演信息资源教育者的角色。图书馆担负着社会教育的职能。在数字图书馆条件下，如何将信息进行开发和使用是图书馆面临的一个重要问题。图书馆不仅是信息服务单位，还是社会教育单位。

在数字图书馆的条件下，用户的专业素养和信息素养在资料查询过程中起着指导性的作用。然而，用户的信息处理能力需要进一步增强，因为他们经常被大量的、良莠不齐的信息混淆，迷失于信息的海洋中。在这种情况下，图书馆馆员应该加强对用户的教育，在做好本职工作的同时，培养用户的信息素养是非常重要和迫切的事情。实际上，图书馆馆员在服务的过程中已经承担了培训用户信息素养的任务。只要读者有需要，图书馆馆员就要提供最基本的帮助，只要用户在查找信息时遇到困难，图书馆馆员就要向用户介绍资源情况和检索方法，帮助其检索、筛选、评估和选择信息以及进行网络导航。

因此，数字图书馆馆员不仅是信息的提供者和传播者，还是信息检索的指南与向导，具有教育和指导的责任。例如，引导用户使用电脑，利用数据库和网络进行文献检索，指引用户在网上查找信息，进行学习培训，对用户进行全面的技术指导。一些用户在使用图书馆资源的过程中得心应手，这与其自身的专业素质是分不开的，但图书馆馆员的指导和帮助对其素养的培养也起到了关键作用。

在如今数字化浪潮的冲击下，受到信息源以及信息技术快速持续增长发展的影响，用户对知识的获取、信息的传播都有了新的要求，传统意义上的图书馆馆员教育角色就有了崭新的定义，要求他们在帮助人们获得必要的知识信息、培养读书意识的同时，依仗大数据平台，整合有效数据，渗入用户进行信息传播，有针对性地提高用户的跨学科学习、科研、决策力的准确性。

2. 图书馆馆员基本素养的提高

作为读者与大数据资源之间传输桥梁的图书馆馆员在任何技术形式下都不应该也不可能被取代，他们决定着图书馆的服务质量和水平。一支训练有素的图书馆馆员队伍会赢得广大读者的喜爱。为迎接新形势对数字图书馆馆员提出的挑战、适应时代的要求，数字图书馆馆员应从以下几个方面提高自己的基本素质。

（1）政治思想素质。图书馆馆员是一个为"思想"服务的特殊群体，馆员的世界观、人生观、价值观体现着他对社会、人民、工作、生活的态度，而政治思想素质就是其立身之本。有了良好的政治思想素质，馆员才能凝聚和升华其理想、信念、道德、心理乃至气质、作风，才能在事业上爱岗敬业，全心全意为提高服务水平开拓进取，掌握新知识、新技术，加强业务能力，才能无私地为读者提供优质的服务。提高图书馆馆员的政治思想素质要从职业道德入手，这是政治思想素质在职业活动中的具体体现。

（2）职业道德素质。各行各业都担负特定的职业责任和义务，从业人员也在职业活动中有着特定的行为标准和要求。教师要具有教书育人、为人师表的素质，医生要具有救死扶伤的素质，等等。图书馆馆员就是要让图书馆成为一个人性化的基础设施，要建立"服务至上，读者第一"的宗旨，要设身处地为读者提供更多层次、更多层面的服务，从思想上、行动上、作风上通过自己日复一日平凡的搜集、整理、保管和传输工作为教育、教学、科研服务。职业道德素养的高低直接关系到数字图书馆的服务能否顺利实施。因此，图书馆馆员需要具备优秀的职业道德。

（3）科学文化知识修养。图书馆被称为社会大学，是知识的宝库。从事知识管理的工作人员必须具有广博的知识才能胜任服务读者的工作，但前提是要提高自己的文化水平和业务能力。在科技是第一生产力政策的推动下，数字图书馆把不同载体、不同信息资源存储、整合、开发，面向跨区域、跨学科对象进行网络传播与研究，在虚拟网络环境下共建共享。它集知识的收藏、整理、开发、传播、研究、创新于一体，具有中介性、学术性、教育性、服务性、信息化等多种功能，图书馆工作也将更为智能化。而社会不断发展、科技不断进步、知识不断更新的网络时代环境对图书馆馆员提出的要求也越来越高。比如，现代信息技术在图书馆的应用改变了图书馆传统的服务方式，这必然导致图书馆工作朝着现代化的方向发展，图书馆馆员就应有吐故纳新的观念和驾轻就熟的操作技能。同时，图书馆学又是一门交叉学科，要求馆员具备扎实的科学文化知识基础和合理的知识结构。

面对新的要求，图书馆馆员只有不断地给自己"加压""充电"，提高自身素养，完善自我，才能适应不断发展的社会需求，使自己立于不败之地，也只有这样，才能真正做到人（馆员）尽其才、物（图书）尽其用。因此，图书馆馆员要有追求知识的无限热情，本着"缺什么，补什么"的精神，采取急用先学、循序渐进、拾遗补阙的方法，不断吸取新知识，充实自己的头脑，提高科学文化水平，努力使自己成为知识上的杂家，读者心目中的"百科全书"。

（4）人文素质。图书馆要成为一个人性化的基础设施就要具备一定的人文精神。人文精神体现了以人为对象、以人为中心的内在品质。人文素质可以说是人文精神的体现，人文素质是图书馆馆员应该具备的基本素质之一。图书馆馆员需要有高尚的人文素质。人文素质与精神是密不可分的，良好的人文素质能时时刻刻地体现人文精神的存在，而人文素质正是从人文精神中不断汲取营养的。根据学者的研究，人文素质有别于人的生理素质的一个重要组成部分包含四个方面的主要内容：首先，在学习中获取的人文知识是构成人文素质的土壤，人文知识包括从各个途径获取的各个学科的知识，诸如意识形态、法律、历史、文章、宗教、哲学观点、语言艺术等；其次，理解人文思想，即存在并渗透于各人文学科之中的基本文化理念；再次，掌握人文方法，人文方法是指人文思想中所蕴含的认识方法和实践方法，它表明人文思想是如何产生和形成的；最后，遵循人文精神，人文精神是人文思想、人文方法产生的世界观、价值观基础。综上所述，衡量图书馆馆员人文素质的高低，主要看馆员是否具备这四个方面的特性及在这四个方面所达到的程度。

（5）专业知识素质。图书馆馆员工作看似简单实则专业性要求很高。这就要求图书馆馆员具备专业的理论基础和知识，善于结合图书馆与资料室的专业特点，科学地运用现代管理的理论与方法进行工作。如果只了解图书馆与资料室工作的特点和规律，而不谙熟其主要的业务环节和工序，就很难做到根据用户的需求进行服务的能力。只有具备较强的专业知识与素质，才能很好地帮助读者寻源探宝，为读者提供事半功倍的优质服务，充分发挥数字图书馆的功能和作用。

参 考 文 献

[1] 方晓红 , 郭晓丽 . 数字图书馆研究 [M]. 天津 : 天津科学技术出版社，2014.

[2] 郑建明 . 数字图书馆建设体制与发展模式 [M]. 北京 : 科学出版社，2017.

[3] 谢发徽 . 图书馆电子信息系统应用实践 [M]. 北京 : 机械工业出版社，2014.

[4] 孙骁骁 . RFID 技术在现代图书馆中的应用研究 [D]. 天津 : 天津工业大学 , 2016.

[5] 张倩 . RFID 图书定位技术在图书馆的应用研究 [D]. 郑州 : 郑州大学 , 2012.

[6] 张凤仙 . 公共图书馆 RFID 应用研究 [D]. 上海 : 华东师范大学 , 2012.

[7] 于晓燕 . 基于网格的数字图书馆模式构建研究 [D]. 天津 : 南开大学 , 2010.

[8] 刘建友 . 基于物联网技术的图书管理系统 [D]. 广州 : 华南理工大学 , 2013.

[9] 李悠然 . 物联网技术在图书馆管理中的应用研究 [D]. 济南 : 山东大学 , 2015.

[10] 胡志杰 . 浅谈 RFID 在图书管理系统中的应用 [J]. 中国电子商情 : 科技创新 , 2013（19）: 94.

[11] 马彦波 . 浅析 RFID 技术在图书馆应用的现状及存在的问题 [J]. 科技情报开发与经济 , 2014, 20（24）: 48–49.

[12] 王珊 , 王会举 , 覃雄派 , 等 . 架构大数据 : 挑战、现状与展望 [J]. 计算机学报 , 2011, 34（10）: 1741–1752.

[13] 王晓文 . 社会网络环境下高校图书馆信息服务新趋势研究——基于高效图书馆用户信息行为变化的视角 [J]. 大学图书情报学 , 2013, 5（31）: 23–25.

[14] 郭三强 , 郭燕锦 . 大数据环境下的数据安全研究 [J]. 科技广场 , 2013（2）: 28–31.

[15] 闫娜 . 大数据视角下信息管理与信息系统专业建设研究 [J]. 图书馆学研究 , 2013（11）: 9–12.

[16] 李晨晖 , 崔建明 , 陈超泉 . 大数据知识服务平台构建关键技术研究 [J]. 情报资料工作 , 2013（2）: 29–34.

[17] 毛晓燕.大数据环境下图书馆信息服务走向分析[J].图书馆工作与研究,2014(3):72–75.

[18] 卢爽.深圳图书馆服务模式带来的思考[J].知识经济,2011(11):85.

[19] 杨海燕.大数据时代的图书馆服务浅析[J].图书与情报,2012(4):120–122.

[20] 李小青.网格环境下的数字图书馆资源管理研究[J].图书馆论坛,2009(1):94–97.

[21] 张瑜.个人信息管理发展趋势研究[J].情报探索,2013(7):89–92.

[22] 马建勋,杨国林.物联网的三层体系架构在高校图书馆中的应用[J].内蒙古工业大学学报:自然科学版,2012,31(2):45–49.

[23] 刘淑瑞,张楠,张红琳.地方高校图书馆中物联网技术应用初探[J].农业图书情报学刊,2017,27(3):62–64.

[24] 李小琴.现代网络技术在图书馆建设中的应用[J].数字技术与应用,2014(11):113–114.

[25] 卢毅锋.图书馆服务体系建设的网络技术支撑研究[J].农业网络信息,2012(4):35–38.

[26] 郑琳晰.大数据背景下图书馆管理思维和管理方式的变革[J].中共福建省委党校学报,2016(4):112–114.

[27] 孙卓.基于大数据构建图书馆知识服务引擎研究[J].图书馆学研究,2013(18):48–51.

[28] 丁夫帝.物联网技术对图书馆传统业务的影响[J].产业与科技论坛,2012(4):135–136.

[29] 赵红梅.谈图书馆的档案管理数字化建设[J].兰台内外,2012(6):53.

[30] 王昊.图书馆人事档案数字化建设的探索与实践[J].图书馆学刊,2012,34(12):30–31.

[31] 甘露.网络技术在图书馆管理中的应用探析[J].科技资讯,2016(4):100–101.

[32] 张琳.网络技术支持下的图书馆图书管理[J].辽宁广播电视大学学报,2016(2):117–118.

[33] 刘江玲.面向大数据的知识发现系统研究[J].情报科学,2014,32(3):90–92,101.

[34] 陈茫,周力青,吕艳娥.大数据时代下的图书馆移动服务创新研究[J].图书与情报,2014(1):117–121.

[35] 张兴旺,李晨晖,麦范金.变革中的大数据知识服务:面向大数据的信息移动推

荐服务新模式 [J]. 图书与情报 , 2013（4）: 74–79.

[36] 王天泥 . 知识咨询 : 大数据时代图书馆的知识服务增长点 [J]. 图书与情报 , 2013
（2）: 74–77.

[37] 温浩宇 , 李京京 . 大数据时代的数字图书馆异构数据集成研究 [J]. 情报杂志 ,
2013, 32（9）: 138–141.

[38] 应璇 , 孙济庆 . 面向大数据的用户检索行为研究 [J]. 情报杂志 , 2014, 33（2）:
140–143, 176.

[39] 韩炜 . 大数据时代公共图书馆消除数据不平等的路径选择 [J]. 图书馆论坛 , 2014
（3）: 14–21.

[40] 史卫民 . 大数据时代个人信息保护的现实困境与路径选择 [J]. 情报杂志 , 2013
（12）: 155–159, 154.

[41] 马晓亭 . 大数据时代图书馆个性化服务读者隐私保护研究 [J]. 图书馆论坛 , 2014
（2）: 84–89.

[42] 张文彦 , 武瑞原 , 于洁 . 大数据时代的图书馆初探 [J]. 图书与情报 , 2012（6）:
15–21.